守正创新——
国有企业思想政治教育工作
高质量发展之路

徐铭 著

新华出版社

图书在版编目（CIP）数据

守正创新：国有企业思想政治教育工作高质量发展

之路 / 徐铭著 . -- 北京：新华出版社，2023.10

ISBN 978-7-5166-7059-0

Ⅰ . ①守… Ⅱ . ①徐… Ⅲ . ①国有企业 - 政治工作 -

研究 - 中国 Ⅳ . ① D412.62

中国国家版本馆 CIP 数据核字 (2023) 第 186844 号

守正创新：国有企业思想政治教育工作高质量发展之路

作　　者：徐　铭

编辑统筹：沈文娟

责任编辑：王依然　　　　　　　　　　封面设计：优盛文化

出版发行：新华出版社

地　　址：北京石景山区京原路 8 号　　　邮　　编：100040

网　　址：http://www.xinhuapub.com

经　　销：新华书店、新华出版社天猫旗舰店、京东旗舰店及各大网店

购书热线：010-63077122　　　　　中国新闻书店购书热线：010-63072012

照　　排：优盛文化

印　　刷：河北万卷印刷有限公司

成品尺寸：170mm×240mm

印　　张：12.25　　　　　　　　　字　　数：200 千字

版　　次：2023 年 10 月第一版　　　印　　次：2023 年 10 月第一次印刷

书　　号：ISBN 978-7-5166-7059-0

定　　价：78.00 元

前　言

　　作为一名国有企业思想政治教育工作者，笔者深知思想政治教育工作对于企业发展的重要性。随着时代的不断进步，国有企业面临新的形势和任务，思想政治教育工作也在不断变化发展。在这个背景下，本书旨在探讨国有企业思想政治教育工作的新理念、新方法和新实践，为国有企业的高质量发展提供有益的参考和借鉴。

　　本书共分为七章。第一章介绍国有企业基本内容，包括国有企业的内涵、本质特征、地位、作用以及发展历程等内容。第二章阐述思想政治教育工作的基础理论，包括思想政治教育工作的内涵、意义和发展历程等内容。第三章分析国有企业与思想政治教育工作的关系，包括国有企业思想政治教育工作的新环境、基本遵循、主要内容和基本方法，以及新时代国有企业做好思想政治教育工作的意义等内容。第四章提出"内筑基、外塑形"的思想政治教育工作理念，包括高质量党建为国有企业强"根"铸"魂"、丰富内容建设和完善关爱机制等内容。第五章强调人才支撑，包括新时代思想政治教育工作者的地位与作用、思想政治教育工作者应具备的素质和能力以及加强国有企业思想政治教育工作队伍的建设等内容。第六章提出新时代国有企业思想政治教育工作的创新与高质量发展，包括新时代国有企业思想政治教育工作思维方式及理念的创新、建立"以人为本""促进人的全面发展"核心理念以及国有企业思想政治教育工作与经营管理、企业文化的双向融合发展等内容。最后一章探讨推进国有企业思想政治教育工作高质量发展体系建设，包括培育国有企业社会主义核心价值体系、国有企业思想政治教育工作的协同育人体系、国有企业思想政治教育工作的政策与保障体系和国有企业思想政治教育工作的绩效评估指标体系等内容。

本书的编写离不开众多专家、学者和实践工作者的支持和帮助。在此，向所有关心和支持国有企业思想政治教育工作的朋友致以衷心的感谢！同时，也要感谢出版社对本书的认可和支持，希望本书能够对广大读者有所帮助，为国有企业思想政治教育工作的高质量发展做出贡献。如果本书存在不足之处，请读者批评指正。

目 录

第一章　国有企业概述

第一节　国有企业的内涵及本质特征

一、国有企业的内涵

（一）企业

企业指的是通过利用自然资源、土地资源、资本、信息、技术、劳动力等生产要素在创造利润并承担风险的条件下为社会提供相关服务和产品的机构。当社会分工以及商品经济发展到特定的历史阶段后，企业就应运而生，它可以是独立经营者，也可以是独立生产者，无论是何种身份，它都是社会基本的、至关重要的经济单位、经济细胞。

企业所有的生产经营活动都建立在生产要素的基础上，常见的生产要素有以下五种：

第一，自然资源、土地资源。企业生产离不了资源，它是决定企业能否进行生产的物质基础和客观条件。

第二，资本。这里的资本指的不单单是企业资金，还包括各种实体的资本（生产设备、生产厂房等）和无实体的资本（专利权、商标权等）。

第三，信息。当今社会早已步入信息化时代，企业无论是进行生产活动还是进行经营活动都离不开信息的支撑，掌握信息可以帮助企业实现自我调节。

第四，技术。这里的技术指的是企业在生产经营活动中对先进知识的有效应用，这对改善企业生产力实现企业长久发展起到重要作用。

第五，劳动力。所谓劳动力，其实就是企业在生产经营活动中所需要的人，企业家、技术人员、管理人员、生产工人等都属于这一类。

在这些生产要素当中，企业开展生产经营活动必不可少的、基本的生产要素是自然资源、土地资源、资本以及劳动力，而信息和技术属于现代企业开展生产经营活动比较重要的生产要素。

在具备必要的生产要素后可以选择成立企业，这个过程同样需要具备一系列的条件：第一，企业必须具备独立的经营场所，拥有足够的资金（超过国家最低规定），有独立的组织结构和企业职工；第二，企业必须拥有必要的生产设备、独立的生产技术、完备的交通运输条件以及原材料、能源等生产条件；第三，企业生产的产品必须符合社会需求；第四，相关法律法规以及经营范围中规定的必要条件。

从本质上讲，企业是一个以营利为目的的组织，它最大的目标就是实现利润最大化，它获取利润的方式是为社会提供服务和产品。企业想要获得利润，必须提高效率。

企业效率包含两方面内容：第一，制度效率，它是由生产活动开展过程中土地资源、资本以及劳动力等生产要素的投入、集合方式决定的；第二，经营效率，它是由管理方式决定的，如控制、协调、指挥、组织、计划等。

企业想要实现长久发展，必须具备完善的制度、高效的经营方式，因为这些能有效避免外界环境对企业的影响，还能保证企业的生产活动和经营活动高效运行。

企业满足社会及人们需求的方式是提供服务和产品，所以它属于微观经济活动的主体。企业的目标虽然是获取更多利润，但其仍然具有提高人们社会生活水平的作用。无论是国家富裕的实现、国家经济的繁荣还是人民生活水平的提高，都离不开企业以及企业开展的生产经营活动。国家可以制定倾向性政策、采取有利举措，尽可能地消除企业在发展过程中可能遇到的阻碍，创建良好的社会环境，保证企业健康生产、高效经营、蓬勃发展，同时提升企业的管理效率，为其获得更大的社会效益、经济效益奠定基础。

企业是市场经济中最基础、最重要的独立主体，是市场经济不可或缺的重要组成部分，还是市场经济体制良好运行的微观基础。企业在市场经济当中的生产经营活动绝对不能违背相关的规则，同时要自主经营、自负盈亏、独立核算。当然，企业的经济活动并非一成不变，需要根据供求关系、价格等特殊的市场信号进行及时的调节，确保企业获得足够的利润。市场经济中的企业竞争异常激烈，这会促使企业积极研发新技术、新产品，提高生产效率，降低成本消耗，保证生产出的产品符合社会需求，从而推动经济发展。

（二）国有企业

在计划经济时期，国有企业最显著的特征就是其经营权和所有权是一体的。随着社会主义市场经济体制改革的不断发展和深入，企业的资本也从传统的一元化向多元化发展，国有企业的形式也不再是单一的国有独资。在此基础上，国家开始大力推进企业改革，公司制、股份制等新型企业形式顺势而生，再加上国有经济布局和结构的战略性调整，使得国有企业的产权向着多元化稳步前进。在国有企业以"产权清晰、权责明确、政企分开、管理科学"为目标开展的企业改革过程中，在大力推进企业股份制改革的过程中，越来越多的非公有制经济成分作为投资主体注入国有企业当中，使其产权主体随之发生变化，向多元化发展。公有制经济中的"公有制"并不是指经营权的公有，而是指所有权的公有，并没有体现在企业上，而是直观地体现在资本上。从这个层面上看，"国营企业"并不能完美展现企业具有的所有权关系。在这种背景下，"国营企业"于1993年正式改名为"国有企业"，这个名称直观地彰显了企业的所有权关系，这一小步反映出我国经济体制改革理论获得了重大突破。国有企业按照国家统计局的相关法规可以分为广义国有企业和狭义国有企业两大类，根据国家在企业中投入的资本所占的比例可以分为以下三类：

第一，国有独资企业。根据名称就可以清楚知道这类企业的所有资本都属于国家资本，换言之，这类企业只有一个股东，那就是"国家"。虽然这类企业的出资人是国家，但管理工作并不是由国家直接负责的，而是在"统一领导、分级管理"这一原则的指导下，将权力授权、下放给各级机关或相关部门，由其作为企业所有者——"国家的代表"，从事具体的管理以及投资等各项活动。

第二，国有控股企业。根据名称可以清楚地知道这类企业中只有部分资本属于国家资本，但国家掌握企业的实际控制权。根据国有资本在企业全部资本中所占的比例，可将其分为两类：第一类是绝对控股的国有企业，指的是国有资本在企业全部资本中的占比超过 50% 的企业；第二类是相对控股的国有企业，指的是国有资本在企业全部资本中的占比低于 50% 的企业，但其仍然比企业中的其他资本所占比例要高，掌握整个企业的实际控制权。在第二类企业中还存在一种特殊情况，就是国有资本在企业全部资本中的占比并不是最大的，但与其他股东签署了转交企业实际控制权的协议，即由国家控股并负责经营。①

第三，国有参股企业。根据名称可以清楚知道这类企业中只有部分资本属于国有资本，且国家对这类企业没有控制权。

综上所述，所谓的国有企业，其实就是国家将全民所有资产作为资本对企业进行投资，完全掌握企业经营权和管理权，如上面提到的国有独资企业和国有控股企业。上面提到的国有参股企业由于国家没掌握经营权、管理权，所以并不属于真正意义上的国有企业。这里需要注意，国有企业的创建也需要遵循一定条件，这一点与其他所有制的企业别无二致，但这两种企业在企业的权利、义务，企业设立的程序以及国家对企业的管理等方面存在一定的区别，国有企业设立的程序远比一般企业更复杂、更严格。

二、国有企业的本质特征

（一）市场性：市场竞争的主导

在当前市场经济大环境下，企业想要长久生存、繁荣发展，最根本

---

① 李历铨.大型国企的内涵和特征[J].今日科苑，2014（1）：86-90.

的出路就是市场化。随着时代发展、社会进步，市场经济也在不断地发展、完善，对应的市场化的特殊内涵也从根本上发生了变化，甚至国有企业制度改革都将双市场化思想作为一种关键的指导思想，认为国有企业只有凭借双市场手段才能从根本上实现市场化。所谓的双市场化，其实就是既要求国有企业外部市场化，又要求企业内部市场化，即企业内部采用市场链的方式开展治理工作。约瑟夫·E.斯蒂格利茨认为，转型国家建立起规范的公司治理结构比产权的变革、非国有化和私有化企业在数量上的增加、比重的扩大更为艰难，如果一个国家在这两者不能兼得的情况下，那么，竞争比私有化更为重要。①根据约瑟夫的观点，可以得出这样一个结论：企业应尽可能地消除代理环节，这一点可以通过相关的经济制度来实现。例如，企业管理阶层必要的职业素养，完善的审计、会计监督体系，与竞争政策有关的法律框架，执行股权人以及其他相关利益者权利的法律机制，开放式的投资基金，高流动性的股票市场等。通过运用这些制度，能有效减少"代理环节"，避免企业"内部人"完全掌控企业以及代理人（经理级别）在转型经济中因违背代理关系造成的严重后果。

我国在社会主义初级阶段的基本经济制度是坚持公有制为主体、多种所有制经济共同发展，而且我国社会主义市场经济体制想要真正实现，离不开坚持公有制为主体这一重要措施。所以，国有企业无论是想要改革还是想要发展，都要以不改变社会主义生产关系为先决条件，同时国有资本要在产业基础上实现零散小公司、小企业的合并重组，将其变成大公司、大企业，这样做既能增加公有制企业的数量，又能加大公有制企业在社会总资产中所占的比重。此外，国有企业不仅要做大，还要做强，更要做优，确保公有制的主导地位不受影响。

（二）行业性：行业发展的龙头

国有企业的改制不仅需要以市场化为基础，更要充分利用市场化的

①　斯蒂格利茨.社会主义向何处去：经济体制转型的理论与证据[M].周立群，韩亮，余文波，译.长春：吉林人民出版社，1998：91.

优势，通过市场化、资本化运营，将国有企业做大、做强、做优，发展成为该行业的龙头企业，领导同行业企业共同发展。此外，国有企业还要主动在国际市场中与其他跨国公司展开激烈的竞争，为提升我国在国际市场中的竞争力贡献力量。国有企业还担负着国有资本保值增值以及促进国民经济发展等重大任务。如今，许多行业的龙头企业都是国有企业，这些企业就是在市场化改革后形成的"新型国有企业"。2022年，中央企业的利润总额依旧保持着往年强劲的发展势头，稳步提高。中央企业的经营效率相比去年也有了显著提升，2022年全员劳动生产率人均76.3万元，较去年提高了8.7%；企业将更多的钱投入研发当中，研发经费比去年提高了9.8%。在营收如此可观的背景下，中央企业缴纳的税费也与去年一样实现了两位数的增长。数据显示，中央企业全年共缴纳2.8万亿元税费，与去年相比提高了19.3%，这进一步提高了其在全国一般公共预算收入中所占的比重。中央煤电企业为了保证全国在高峰期的煤电使用，不计成本地购买了海量的优质煤电。中央煤电企业在2022年共对外发电5.1万亿千瓦时，承担了全国63.1%的用电量，这个数据比央企装机规模高出了8.4%，与去年相比提升了5.9%。①要知道，此时的煤电价格偏低，每发出一度电就会产生一度电的亏损，但即使是这种情况，中央企业也在全力以赴地发电，并没有出现各种非计划的停运情况以及出力受阻的情况，在这两点上，中央企业的水准远超全国。煤炭企业更是采用了电煤长协机制，既要增产也要保价。中央煤炭企业在2022年产煤约11亿吨，日均296万吨，与去年相比提高了7.6%，再次刷新了历史最高纪录。中煤集团、国家能源集团作为煤电企业的领头者，主动带头执行电煤中长期合同，自产煤合同签约率达93.6%，几乎所有合同都完美履行。②电网企业为了平衡各地区电力，对跨区互济提供强力支持，在保证安全的基础上尽可能地满足缺电区域的用电需求。南方电网、

---

① 宋高远.国资委：2022年央企营业收入同比增长8.3%[EB/OL].（2023-01-17）[2023-07-17].http://m.ce.cn/yw/gd/202301/19/t20230119_38355892.shtml.

② 张慕琛.中央企业打响能源保供攻坚战[EB/OL].（2023-01-11）[2023-07-17].https://m.gmw.cn/2023-01-11/content_36293316.htm.

国家电网在对需求响应机制进行全面优化后，充分利用大电网平台的独特优势，跨省、跨区支援电量接近450亿千瓦时，支援次数超过2300次。2020年夏天，川渝地区出现大规模电力缺口，两企业创新应用了江城直流、德宝直流调度等措施，将电反送回川渝地区，既保障了电网安全，又保障了川渝地区的民生用电。这个项目之所以会一次成功，是因为这个项目在创建时就考虑到这种可能发生的情况，并进行了实验，实验成功了。2022年，全国对能源的需求很大，再加上冬季用气需求骤增，国际天然气存在巨大缺口、运行价位偏高，这些都对石油石化企业提出更高的要求。中国海油、中国石油、中国石化等企业面临挑战并未慌张，不仅让气田保持高位运行，还积极推进对页岩气的探测和开发，加快海上气田建设进程，同时加大获取进口油气资源的力度。由此可知，如今的国有企业不仅竞争力越来越强，整体素质也在稳步提升，为经济社会发展做出更大的贡献。

（三）福利性：公共品提供的主力军

我国的国有企业类型五花八门，想要全部发展成行业龙头、充当市场竞争主导力量是不现实的，而且有些企业关乎国计民生，并不一定要成为龙头，只需要成为市场经济供应链中提供公共品的企业即可，为政府推行福利政策提供支持和保障。这类国有企业并不是盈利的主要成员，但需要遵守主管部门制定的特殊规则，国家财政还会对其给予重点支持。

（四）政策性：政府宏观调控的工具

当国有企业发展成行业龙头并在市场竞争中发挥主导作用时，它就会成为政府对市场宏观调控的工具。

市场虽然提倡自由，但并非无限度的自由，需要施加调控。中国作为一个前景远大、地域广袤的市场，一旦完全放开，世界经济都会聚集于此。而政府凭借货币政策和财政政策无法有效控制市场，需要利用国有企业进行调控。如今，我国的乙烯、天然气、原油等物质的生产几乎都被国有企业掌控，基础电信服务以及大部分的增值服务也由国有企业提供，如全国 63.1% 的发电量由国有电力企业提供。此外，在投资、建材、医药、农业、交通运输、贸易等重要领域以及与国民经济命脉和国家安全相关的领域中有大量的支柱企业属于中央企业。因此，国有企业可以充分发挥其工具属性。

第二节　国有企业的地位和作用

一、国有企业的地位

（一）国有企业是承担新历史使命的先锋队

如今，中国特色社会主义已经步入新时代，代表着我国社会主义发展迈入了新的历史方位。在这个时代，人们可以看到全面建成小康社会的胜利结局，可以将我国建设成社会主义现代化强国，可以实现中华民族伟大复兴、重圆中国梦，为人类发展做出巨大贡献。

党的十九届六中全会通过的《中共中央关于党的百年奋斗重大成就和历史经验的决议》指出："明确坚持和发展中国特色社会主义，总任务是实现社会主义现代化和中华民族伟大复兴。①"如今，世界政治格局以及经济格局正在发生深度调整和转型，是否能够创新决定了能否在新的世界经济结构和竞争格局中占据一席之地。中国已经成为世界上第二大经济体，正在逐步走向世界舞台中央，这是历史上从未出现过的情景。此时，我国经济发展已经基本步入新常态，正处于跨越"中等收入陷阱"

---

① 新华社.中共中央关于党的百年奋斗重大成就和历史经验的决议 [EB/OL].(2022-06-09)[2023-09-05]. https://www.gov.cn/xinwen/2021-11/16/content_5651269.htm.

以及转变方向、调整结构的重要节点，平稳度过这个节点对实现中华民族伟大复兴有重要帮助。

梁启超先生曾在《少年中国说》中言"少年强则国强"，如今则是"国企强则国强"。国有企业作为当代中国特色社会主义的重要支柱，对中国踏入新时代起着推动作用。因此，国有企业在接下来的发展过程中首先要明确自己要走的路，建设、发展的最终形态，其次要明确发展目标，确定为中华民族伟大复兴做出的巨大贡献，最后要通过主动改造或改革适应新时代。

2023年以来，中国经济的气象已经具备新时代独特的韵味，这意味着新时代已经到达下个路口，即将粉墨登场。此时，即使中国的国有企业改革探索并没有得出结果，但也深陷其中，无法抽身。

在新时代背景下，国有企业必须从全局、宏观层面出发，抓住关键、找准方向、直面未来，明确国有企业改革的责任和使命，以时代要求为要求，积极学习、贯彻落实国有企业改革的新规划。

（二）国有企业是解决"不平衡""不充分"的突击队

在过去，我国社会的主要矛盾是人民日益增长的物质文化需要与落后的社会生产之间的矛盾，随着时代的发展，社会主要矛盾也逐步发生变化。新时代社会的主要矛盾已经变成了人民日益增长的美好生活需要和不平衡不充分的发展之间的矛盾。由此可见，我国实施改革开放战略实现了社会生产的大幅度提升，基本满足了人民在物质文化方面的需求，可谓成绩斐然，更是为全国人民、全党以及众多国有企业的未来发展指明了方向。由上可知，发展"不平衡""不充分"是引发当今社会主要矛盾的主要原因。"不平衡"即城乡发展、区域发展、收入和分配、投入和产出、供给和消费以及经济结构等方面不平衡，而"不充分"即新动力、新产能、新制度以及各种新型市场要素等没有充分发挥其作用，国有企业的作用发挥不充分也属于此范畴。这种"需求与发展"的矛盾本质上是经济矛盾。在社会主义初级阶段，我国已经从根源上改变了生产力落后、生活资料匮乏的局面，我国2022年的经济总量更是在世界范围内高居第二，世界 500 强企业的拥有数量同样位列世界第二，但企业创造的效益和发展质量却不能令人满意，存在一些"不平衡""不充分"的现象，如产能过高引发的供给结构失衡，创新能力不足引发的生产效率不高等。为了解决这种新时代矛盾，国有企业应主动充当解决矛盾的突击队和生力军，贡献全部力量。在未来，我国必将出台一系列措施来解决这种矛盾，同时大力推行国有企业改革，使国有企业实现更大突破，尽可能地满足人民提出的各种高水平、高层次的需求，充分解决发展"不平衡""不充分"的问题。

（三）国有企业是"做强做优做大"的践行者

新时代的到来代表着中华民族已经成功脱离近代时期的苦难岁月，实现了繁荣富强，并再次屹立在世界之林，中华民族伟大复兴指日可待。自从我国开始实施改革开放，无数的专家学者都在讨论如何"做强做优做大"，但因为某些不可控的因素导致"做大"过程停滞了。

中华民族想要真正"站起来"，必须创建"新社会"，后者是前者的基础和背景；中国想要真正"富起来"，必然需要一个比较长的过程，这个过程就是"新时期"，而且根据"富强"一词可以清楚地知道，想要"强"先要"富"，后者是前者的基础，前者是后者的未来发展方向，所以只有"富起来"才能实现"强起来"，"新时代"就是实现"强起来"的关键过程。可以说，"贫穷"是"新时期"的起点，度过"新时期"就实现了"富起来"。然后以"新时期"历史成就为起点步入"新时代"，使中国从"富起来"上升为"强起来"，最终实现真正的"富强"。因此，国有企业想要"做强做优做大"，就需要以"做大"为基础，实现"做强"，再提升到"做优"，它是前两个过程的最终目标。

国有企业"做强做优做大"具备以下重要作用：第一，国有企业只有"做强做优做大"才能保证我国坚持社会主义性质不动摇。社会主义经济制度的基础是生产资料公有制，而国有经济恰好是其主要形式之一。第二，国有企业只有"做强做优做大"才能保证中国共产党的执政地位不动摇。第三，国有企业只有"做强做优做大"才能保证中国稳步实现共同富裕，它是社会主义的本质。第四，国有企业只有"做强做优做大"才能提升我国在世界领域的竞争力。

如今，新时代即将来临，经济转折点已经显露头角，我国要在2049年之前持续坚持将国有企业"做强做优做大"。2022年，中国的500强企业数量已经超过了美国，正式变身为创新型国家。

（四）国有企业争做世界一流企业的领跑者

在新时代，人们要不断健全各类国有资产管理体制，改革国有资本授权经营体制，推动国有经济调整结构、优化布局并进行战略性重组，实现国有资产保值增值以及国有资本做强做优做大。同时，积极推动国有企业的深化改革，大力发展混合所有制经济，打造出具备超强国际竞争力的世界一流企业。

这段内容包含两层含义：第一层含义是提出了新任务、新目标，即做强做优做大国有资本、打造世界一流企业；第二次含义是使用了新方法、新动力，即通过不断完善国有资产的管理机制、深化企业改革，使国有企业明确发展和改革之间存在的辩证关系，找到一条可以在新时代不断竞争的重要渠道和发展方式。

国有企业并不能只在国内称王称霸，需要走出去，实现国际化，提升国际竞争力和经营力，成为比肩世界一流企业的企业。如今，全球化趋势日益明显，我国企业想要在国际环境中生存，必然要与那些有着丰富经验、庞大规模、雄厚实力的大型跨国集团进行正面交锋。如今，中央企业早已走出国门，在全球185个国家和地区开展了业务。最初，业务主要集中在能源开发、资源开发、工程承包等领域，如今业务开始涉及电网、电信、核电、高铁等高端领域。数据显示，中央企业在境外的资产规模超过了6万亿元，这使得我国在世界舞台中掌握的话语权越来越大。当然，一些民营企业也在发展到一定程度后走出国门，在国际"战场"上"厮杀"。为了增强我国的综合国力，保证我国经济在国际竞争中占据更大的优势以及占据更多的高端价值链和产业链，我国需要打造一批国际竞争力强、在国际资源配置中可以牢牢把控主导地位的大型集团或企业，让其成为引领全球行业发展的领军企业。

二、国有企业的作用

（一）国有企业为社会主义制度提供物质保障

众所周知，当生产力和生产关系相匹配时，社会才能发展。资本主义制度和社会主义制度是两种存在本质区别的制度，后者必将替代前者，这种替代是由生产力与生产关系的匹配关系决定的。通常情况下，一个国家国有企业的数量与国家的发达程度有关，国有企业在全国企业中占比最大的是发展中国家，中等发达国家次之，发达国家的比重最小。国有企业的数量与国家的市场稳定情况也有关系，国有企业在全国企业中占比最大的是市场环境有所波动的国家，市场环境稳定的国家次之。我国坚持走社会主义道路，但在经济建设过程中却出现了计划经济和市场经济两种存在本质区别的经济制度，由此可见，社会制度并不能根据经济制度区分，换言之，市场经济可以在资本主义社会使用，也可以在社会主义社会使用。中国通过改革开放确定了走社会主义市场经济发展道路，国有企业在这个过程中发挥了巨大作用。

（二）国有企业为现代经济提供支撑和服务

随着时代发展、社会进步以及生产力和科学技术飞速发展，公共产品逐步成为现代化生产和消费的关键，那些发达国家以及生产力、科技发达的发展中国家，对公共产品的需求更甚。但是，公共产品领域一般很少有企业愿意涉足并投资，这一点在那些经济相对落后、市场经济发展不完善的发展中国家更为明显，根本原因是这类公共产品更倾向于公益性，不仅在初始投资时需要大量资金，资金回报的时限也比较长，国家亦如此。我国虽然属于发展中国家，但却贯彻"赶""超"战略，以国有经济的雄厚实力做支撑，不惜一切代价全面开展、扩展基础设施和公共产品的建设，创建实现经济可持续发展的基础平台。在这个过程中，国有企业充分发挥其优势，为社会主义市场经济服务的情况展现得淋漓尽致。

（三）国有企业是社会主义市场经济建设的主体

对发展中国家来讲，国有企业在全国企业中占据的比重远比其在发达国家中所占比重要大，发挥的作用也更强。之所以会出现这种情况，是因为发展中国家经济发展相对落后，市场环境、市场制度以及市场结构都不够完善，资源无法单靠市场机制实现合理配置。而且在经济飞速发展过程中，国家没有足够的、专业的高级人才（企业家、高级管理人才等），导致没有形成健康的资本市场，最终只能由国家充当企业管理者开展一系列生产经营活动（企业的创建、基础产业和关键产业的建设等），推动经济发展。

发展中国家想要加快现代化建设进程，可以从两方面着手：第一，贯彻落实"赶""超"战略；第二，从国外引进现代产业并大力推动其发展。上述过程需要海量资金的支持，但发展中国家由于不具备成熟的市场，无法从资本市场中筹集到足够的资金，对此，国家只能通过行政手段来强制实现筹集资金的目标。创办国有企业是较为有效的行政手段之一，因为国有企业属于一种特殊的制度安排，即使处于不同经济发展阶段和不同经济发展条件下，也能很好地适应制度主体目标。此外，国有企业还具备承担更大风险、集合经济资源、落实政府意图、实现社会目标等重要功能，充分发挥社会经济的重要作用。

第三节　国有企业的发展与壮大

一、国有企业的前期改革

全国国有工业总产值在 1952 年到 1978 年这短短二十多年的时间里从最初的 142.6 亿元提高到了 3 416.4 亿元，可谓实现了质的飞跃，而且重工业的发展速度更是惊人，远超其他产业。①但是，国有企业在发展过程中也暴露出各种各样的问题，最主要的一个问题是生产效率低下，根本原因是企业制度不合理，企业的经营权和生产资料都是由国家完全掌控的。在这种背景下，推动国有企业管理体制以及计划体制的改革、解放社会生产力就成为探索国有企业发展的关键所在，并成为一个重要的历史课题。1956 年，毛泽东在研究我国企业应用苏联企业模式开展实践活动时发现了苏联模式与我国企业发展不匹配的问题，并提出了明确改革的意见，至此，我国开始对国有企业改革进行长久的探索。第一阶段，1957 年到 1960 年，这个阶段最显著的特点是"放"，如将企业的人事管理权下放，改变国家与企业之间的利润分配，避免向企业发出指令等；第二阶段，1961 年到 1969 年，这个阶段最显著的特点是"收"，主要是为了收拾第一阶段改革导致的混乱局面，如将权力重新收归国有，企业对国家实施"五保"，国家对企业实施"五定"；第三阶段，1970 年到 1977 年，这个阶段最显著的特点又变回"放"，主要是为了收拾第二阶段改革导致的"传统复辟"。总的来讲，这三个阶段的改革其实就是权力的"放"与"收"重复变化，这个权力包含了政府与企业、中央与地方的权力和利益划分。前者只要"放"就会出现混乱，下一阶段就只能"收"，具体是"放"是"收"无法确定；后者的"放""收"主要涉及企业主管部门的变更，企业并不会受到太大影响。那当时的企业改革为什么不以企业本身为核心？这主要是因为当时人对改革的认知和理论发展存在一定偏差，认为计划经济等于社会主义，认为企业只要能生产即可，经营不需要理会。所以，当时的国有企业改革效果有限。后来，邓小平发现只有从根本上改变国有企业制度，实现理论和实践的双重突破，才能实现真正的国有企业改革。

---

① 高惺惟 . 国有企业发展壮大的历程与启示 [J]. 企业管理，2022（4）：119-122.

二、扩大企业自主权与放权让利

1978 年，中国共产党召开了十一届三中全会，正式拉开了国有企业改革的序幕。国有企业改革作为经济体制改革不可或缺的重要组成部分，党和国家都给予了高度关注。原本属于计划经济重要组成部分的"国营企业"也随着经济体制改革的推动逐步蜕变为具有中国特色的现代化国有企业。

第一，在企业内部推行厂长负责制。1984 年 3 月的一天，55 位企业的经理和厂长联名向政府递交了一封特殊书信，提出了"放权让利"的诉求，这封信就是后来刊登在《福建日报》的呼吁书——《请给我们"松绑"》。这封呼吁书的出现引发了巨大的反响，也起到了很好的示范作用，加快了国有企业改革"放权让利"的进程，甚至当时的国有企业改革都用"松绑"这个通俗的说法来代替。第二，在企业内部推行承包制。国有企业承包制改革明确将企业的所有权和经营权分离开，收获了惊人的效果。中国共产党第十二届三中全会在 1984 年 10 月召开，会议上通过了《中共中央关于经济体制改革的决定》，其中明确规定："所有权和经营权的适度分开是符合马克思主义思想和坚持社会主义方向的。"显然，"两权分离"并没有从根本上改变"国有企业资产属于国家"的独特性质，也没有违背国家所有制，还能让企业更加自由的经营，变成一个自主经营、自负盈亏的独立法人。以中国首钢集团（简称"首钢"）为例，自从首钢实施承包制后，企业经济效益有了巨大提升。首钢在 1981 年的利润只有 4.45 亿元，到 1986 年时利润高达 11.21 亿元，年均提高 20.32%。在这五年时间当中，首钢投入 12.56 亿元资金用于老厂改造，这些资金都是靠厂子自己积累的，改造完成后利税 47.83 亿元，投入产出比例为 1:3.8。[①]

承包制虽然成绩斐然，但也在后续推进过程中产生了各种各样的问题，如企业的责权利不够明确，企业虽然活力更甚从前，但影响企业活力的根本因素——产权并没有改变，换言之，企业此时的活力只是一种"假

[①] 高惺惟. 国有企业发展壮大的历程与启示 [J]. 企业管理，2022（4）：119-122.

象"，是企业对国有资产"涸泽而渔"的狂欢。所以，承包制并不是长久之策，真正的治本之策是借助现代企业制度的长效机制来激励和约束企业的生产和经营行为。

三、建立现代企业制度

1992年10月12日，中国共产党第十四次全国代表大会在北京召开，会议上明确提出修改全民所有制企业的名称，将传统的"国营企业"正式更名为"国有企业"。次年，中国共产党第十四届三中全会明确指出现代企业制度是与市场经济发展最为匹配的制度，是"产权清晰、权责明确、政企分开、管理科学"的制度。现代企业制度最根本的要素就是"产权清晰"，它明确了企业的权责利，具体来讲，产权清晰就是企业所有的产权主体、产权关系都是完整的、独立的，在权力、责任、利益方面不存在争抢和推诿现象。公司清晰的产权关系可以通过法人治理结构实现，即经理层、监事会、董事会以及股东会等各个层级的人员清楚自己的具体职权，通过不同层级之间的精准负责、团结协作以及有效制衡明确企业产权结构。由此可见，现代企业制度建设必须从产权制度改革开始，而法人治理结构就是其核心内容。管理者、投资者以及监督者在企业的责权利明确后就会相互制衡。

创建股份制企业是现代企业制度建立的关键形式。我国股份制企业创建在1993年正式开始试点实施，全国在年初时只有52家上市企业，在年末时飙升到了182家；年初只有18家上市公司发行了B股，年末增长到了33家。中国共产党第十五次全国代表大会的会议上充分肯定了股份制企业在现代企业制度中的核心地位，并在公有制理论上实现了重大突破。

我国想要实现股份制经济发展，需要面临很多问题，而国有企业股份制改造是较为关键的问题之一。所谓的国有企业股份制改造，其实就是改变国有企业产权关系，即从根源上改变国有经营性资产的实现形式和组织形式，国有企业从国家直接掌控、经营的单一产权企业转为国有资产控股、参股的股份制企业，国有资产不再对企业进行直接掌控，变成了众多投资主体之一，根本目标也变成了资产保值增值。

四、建立国有资产管理体制与实施国有企业战略重组

国务院于 2003 年 3 月成立国有资产监督管理委员会（简称"国资委"）。同年 4 月 5 日，国务院确定了国资委的具体职责，包括代表国家履行出资人职责，监管国有资产，确保国有资产保值增值，进一步搞好国有企业。这一系列举措对国有企业改革产生了重要影响，它不仅使国有资产管理不清晰、出资人不到位等问题得到改善，还能实现政资分离、转变政府职能、深化行政管理体制改革。国资委在后续的十年时间里为了削减中央企业数量，增强其影响力，在中央企业的产权、产业布局以及管理方面开展了一系列改革。国有企业战略性改组最关键的一步就是推动中央企业重组。国资委担任出资人的企业在 2004 年 1 月 8 日时有 189 户，根据国有企业重组的相关要求（产权关系是否清晰、组织结构是否合理、管理层次是否简洁、主营业务是否突出等）对其进行改制，到 2004 年 12 月 1 日，这类企业数量变成了 181 户。在中央企业改制的同时，许多地方性的国有企业也在改制，甚至有部分省份的国有企业改制率高达 80%。地方国有中小企业经过改制后产权变多元，机制也发生了变化，但经济效益得以提高。我国对国有经济调整的实践主要分为三部分：第一，收缩国有经济战线，抓大放小，优化产业布局；第二，在国有企业中注入民间资本，推动股权多元化，借助混合所有制实现国有经济发展；第三，完全掌控属于国家经济命脉的产业，提升国家对国有经济的掌控力。

五、新时代进一步深化国有企业改革

《关于深化国有企业改革的指导意见》（简称《意见》）于 2015 年 8 月正式颁布，该文件系统地解答了如何发展混合所有制经济、如何完善现代企业制度、如何推进国有企业的分类改革等问题。国资委以该文件为指导，联合其他相关部门出台了 36 个配套文件，打造了特殊的"1+N"文件

体系，确定所有相关细则。国有企业改革的"四梁八柱"在此时基本形成。

推动国有企业分类改革是以国有资本的战略定位和发展目标为基础，根据国有企业的不同类型以及其对经济社会发展产生的不同作用分为商业一类、商业二类以及公益类，使国有企业改革迈出了一大步。

商业一类国有企业，也称竞争类国企，是一类追求最大效益的企业。这类企业应加强董事会层级的建设，因为董事长不仅是企业的法人，还会兼任党委书记。这里要注意，企业需要另设总经理职位。竞争类企业的深化改革应以发展公众公司作为发展混合所有制经济的主要形式。在此背景下，股东无须再对公司进行直接、全面的管理，只需根据法人治理结构通过派出董事会、监事会等可以表达股东思想的组织来实现对公司的间接、重点管理，这样也能保证股东获得最大收益。

商业二类国有企业，也称功能类国企，是一类承担各种与国家长远发展有关的重大专项任务、战略任务的企业，而且这类企业不仅与经济社会发展有关，还与群众的整体利益有关。因此，功能类企业的目标是在保证完成重大专项任务、战略任务的同时，还要重视经济效益，力求成为既能为国家重大攻关提供帮助又能保障国家安全的支柱型企业。

公益类国有企业指的是为社会服务、提供公共产品的企业。这类企业主要在能源、交通、水务、环境等领域发挥作用，且这种作用无法替代。公益类企业改革主要从提升公共服务能力和效率两方面着手，可以通过引入市场机制来实现，这类企业的市场化改革能在一定程度上加快国有企业改革。

大力发展混合所有制经济，不仅能保证公有制主导地位不动摇，还能使国有经济重新焕发生机，其影响力和控制力都得到显著提升。而且，当国企和民企联手合作，必然会收获"1+1 > 2"的效果。从本质上讲，国有企业改革其实就是为了协调政府、企业以及市场之间的关系，充分发挥市场在资源配置中的决定性作用以及企业在市场中的主体作用。根据我国的基本国情可知，我国的经济结构必然是多种所有制经济共存。所以，国有企业想要再次焕发生机、实现创新发展的唯一方式就是将非公有制经济成分引入国有资本，实现混合所有制改革。这样做能使国有资本进一步增大，借助非公有制主体蕴含的活力和创造力，刺激其在市场活动中充分发挥主观能动性，实现创新发展。在推行国有企业混合所有制改革过程中要创建创新激励机制，实行员工持股计划，借此激发员工的创新活力，推动企业向前发展。

2023 年，全国国有企业改革三年行动总结电视电话会议在北京召开，会上明确指出国有企业改革三年行动主要目标任务已经完成，效果可以通过以下数据体现出来。

（一）强治理：3.8 万户国有企业建立董事会

国有企业改革的方向是建立现代企业制度，在这个过程中，创建董事会是比较关键的步骤之一。国务院国有企业改革领导小组办公室收集的相关数据显示，在 2023 年 2 月之前，创建了董事会的国有企业共有 3.8 万户，其中属于中央企业及其子企业的有 1.3 万户，属于地方国有企业及其子企业的有 2.5 万户，达成应建尽建的目标，更重要的是，其中有 99.9% 的董事属于外部董事。①

国有企业改革三年行动的首要任务是健全中国特色现代企业制度，实现党领导和公司治理的有机融合，由此可见，创建董事会非常重要。

国有企业改革在各种举措的推动下不断加速，无论是国资监管层面还是国有企业层面，都在推动国企新制度加速成型，从而形成国资国企高质量发展的治理优势——国企公司制改革全面完成，这一历史性突破为国有企业正式以独立市场主体的身份参与竞争奠定坚实的法律基础。

无论是中央企业及其子企业还是地方国有企业及其子企业，都制定了党组织前置研究事项清单，标明了党组织以及其他治理主体的权责范围。

---

① 李墨轩.今年是国企改革三年行动的收官之年 国企改革着力补短板强弱项 [EB/OL].（2022-09-14）[2023-07-17].http://www.sasac.gov.cn/n2588025/n2588139/c25997505/content.html.

（二）增活力：任期制、契约化管理覆盖逾8万户企业22万人

国有企业改革的终极目标是增强企业活力，提升企业效率。自从国有企业改革三年行动开始后，全国范围内的各级国有企业都对企业经理层员工实行了任期制和契约化管理，涉及人数多达22万，涉及企业8万户。

所谓的任期制和契约化管理，其实就是用标有经理层成员具体权利、责任、义务的"白纸黑字"的契约（业绩合同、聘任协议等）代替传统国有企业经理层的"大锅饭""铁交椅"规则。换言之，国有企业经理层也要有奖惩、有轮换。

之所以针对经理层，是因为它对分配、人事、劳动三项制度的改革起决定作用。经营责任制的创建能大大激发企业的内生动力。

国有企业员工要"能进能出"，应用市场化用工制度，如竞争上岗、公开招聘、末位调整、不符淘汰等；国有企业收入要"能增能减"，创建并健全根据业绩贡献大小分配薪酬的特殊机制；创建各种各样的激励机制，三年行动中有49.1万名国企骨干员工获得不同激励措施的奖励；三年行动中有超过9 000亿元的社会资本注入中央企业当中，混合所有制改革对经营机制转换更加重视等。

随着国有企业改革的推进，国有企业享受到的红利越来越多，企业发展也不再受限制，一大批拥有充沛动力的新国有企业诞生了。

（三）优布局：中央企业超70%营收涉及国计民生等重点领域

在2023年2月之前，中央企业总收入中超过70%的收入来源于国计民生、国民经济命脉以及国家安全领域，传统产业正在经历升级和转型，优势产业集群布局加快，国有资本配置效率也在稳步提升。

国有企业改革三年行动的主要目的就是推动国有经济调整结构、优化布局，这一点在行动结束后得到实现。国有企业在《意见》实行后通过补短板、锻长板有序推动国有资本集中到关键行业和领域当中。

国有企业改革在战略性重组和专业化整合方面也取得了优异的成绩，

有4组7家中央企业实施了战略性重组，新组建和接收8家中央企业，有超过30个中央企业重点项目实施了专业化整合。

加快产业链现代化进程，拓展产业链"链长"。三年行动中分两个批次选出16家"链长"企业。2020年以后，中央企业战略性新兴产业年均投资增速超过20%，营业收入占比达35%以上，高质量发展动力更充沛。

以国有企业主责主业为主体，加快"瘦身健体"。国有企业的"两非""两资"清退任务基本完成，以市场化方式盘活存量资产3 066.5亿元。[①]

未来还要着眼加快实现产业体系升级发展，深入推进国有资本布局优化和结构调整，聚焦战略安全、产业引领、国计民生、公共服务等功能，加快打造现代产业链"链长"，积极开拓新领域、新赛道，培育壮大战略性新兴产业，在建设现代化产业体系上发挥领头羊作用。[②]

---

① 王希. 国企改革三年行动，带来哪些改变？[EB/OL].（2023-02-01）[2023-07-17]. https://www.gov.cn/xinwen/2023-02/01/content_5739479.htm.

② 俞昭君. 国企改革三年行动，带来哪些改变？[EB/OL].（2023-02-01）[2023-04-04]. http://www.sasac.gov.cn/n2588025/n2588139/c27120305/content.html.

第二章　思想政治教育工作基础理论

第一节　思想政治教育工作的内涵及特点

一、思想政治教育工作的内涵

（一）思想政治教育工作

思想政治教育工作这个概念并不是一个现成的概念，它是在漫长历史中形成的特殊概念。马克思和恩格斯在 1947 年制定的《共产主义者同盟章程》中提出了一个特殊的概念——"宣传工作"。列宁沿用了这一概念，又在 1902 年以其为基础提出了两个新概念，分别是"政治工作"和"政治教育工作"。斯大林在 1934 年又提出了两个与其相似的新概念，分别是"思想工作"和"政治思想工作"。

中国共产党一直将思想政治教育工作作为一种关键的政治优势。"思想政治工作"这个概念最早出现在 1951 年的第一次全国宣传工作会议上，是由刘少奇提出的。1957 年，毛泽东发表了文章——《关于正确处理人民内部矛盾的问题》，文章中也提到了"思想政治工作"这一概念。中国共产党第十一届三中全会后，随着党的工作重心转移，此项工作也经历了从"思想政治工作"到"思想政治教育工作"的转变。综上所述，思想政治教育工作包含"思想教育"和"政治教育"两方面的工作，与党建工作、宣传工作联系紧密，是中国共产党重要工作内容之一。笔者在对思想政治教育工作进行长久、深入的研究后发现，此项工作的工作内容和侧重点与时代有关，具有连续性特点，属于继承和创新的统一。中国的"思想政治教育工作"是从马克思主义理论中提炼、转化，再以中国国情为基础进行实践活动完成理论的补充和完善后形成的，虽然与马克思主义的"思想政治教育工作"一脉相承，但却能与时俱进，拥有无限的活力和生机。

进入新时代并不意味着要全盘舍弃传统的思想政治教育工作的立场和方法，而应选择全盘继承，即坚持站在马克思主义的立场、使用马克思主义的方法分析并解决问题。新时代的思想政治教育工作的指导思想应该是习近平新时代中国特色社会主义思想，主要任务是引导人们树立正确的道德理念、价值理念、理想信念，用更强大的精神力量和思想力量推动中国特色社会主义建设。

（二）国有企业思想政治教育工作

国有企业思想政治教育工作属于复合概念，即它包含了经济学概念"国有企业"以及意识形态概念"思想政治教育工作"两部分。湖南人文科技学院法学院教授朱耀斌出版了一本名为《新时期国有企业思想政治工作研究：一个历史与逻辑分析的视角》的著作，书中以唯物史观为指导，阐述国有企业思想政治教育工作要坚持党对国有企业的政治领导，具有鲜明的政治性，是党思想政治教育工作的重要组成部分。[①]因此，国有企业思想政治教育工作应坚持马克思主义、党的路线方针政策的指导，以推动企业发展为目标，对企业员工进行动员，在遵循员工思想活动规律的基础上使用恰当的方法组织员工接受思想政治教育，激发员工的政治热情，实现企业发展的当前和长远目标，保证企业健康、持续发展。综上所述，国有企业思想政治教育工作的主要含义为"它是党思想政治教育工作不可或缺的重要组成部分，是思想政治教育工作在经济领域的延伸；它以习近平新时代中国特色社会主义思想为指导，是马克思意识形态的具体体现；它是在党的路线方针政策的指导下，以实现企业经验发展为目标开展的使企业员工树立正确思想观念，确定正确政治立场，全身心投入中国特色社会主义现代化建设实践当中，为社会进步、企业发展贡献全部力量的工作。"

---

① 朱耀斌.新时期国有企业思想政治工作研究：一个历史与逻辑分析的视角[M].广州:世界图书出版广州有限公司，2012：35.

二、思想政治教育工作的特点

(一)普通思想政治教育工作的特点

1. 政治性强

普通思想政治教育工作具有浓郁的政治性，是在国家和党的意志的基础上开展的政治工作，国家的大政方针和政治要求决定了如何制定并实行思想政治教育工作制度。思想政治教育工作要坚持走社会主义基本路线，要坚决贯彻党和国家的基本政治理论以及十八大、十九届六中全会提出的与思想政治教育工作相关的总体要求。如今，要抓住党的群众路线教育实践活动开展的机会同步开展思想政治教育工作，总结工作方法、积累工作经验，同时积极从实践中发现困难和问题，寻找完善和改进的方式，为解决实际工作中的问题奠定基础。

2. 科学性高

普通思想政治教育工作具有较强的科学性，因为它是在马克思主义科学理论的指导下经过大量的、长时间的实践活动总结出的一种科学的理论实践。而且，只有接受科学理论体系的指引，思想政治教育工作才能顺应社会实践的发展规律；只有使用科学化的方法才能让人民的思想发展符合客观规律，实现科学的发展；要用科学的观念指导实践，在实践中坚持实事求是，总结深化理论。

3. 实践性强

普通思想政治教育工作是一项实践性极强的工作，因为思想政治教育工作只有经过实践才能真正发现问题，才能找到恰当的解决方式。如果没有经过实践，对思想政治教育工作的评价可能不够客观和全面，会显得空洞，而且思想政治教育工作只有经过实践，才能让群众真正将其作为所思所想的工具，才能真正帮助群众解决面临的问题，如思想意识问题等。

4. 综合性高

广大人民群众是思想政治教育工作的主要对象，由于人民群众思想复杂、需求多样，使得思想政治教育工作具备综合性特征。思想政治教育工作的开展必须有对象，否则它就会丧失活力。当然，这个对象不仅仅包含广大人民群众本身，他们的思想、行为也包含其中。众人由于生活环境、教育程度不同，形成的思想意识也不相同，受思想影响产生的行为也千奇百怪，所以，思想政治教育工作必须具备较强的综合性才能根据科学的理论知识、使用科学的方法全方位地规划、掌控思想政治教育工作的方向。另外，思想政治教育工作在开展过程中还要结合人民群众的实际情况，从思想、行为、工作、生活等方面逐一落实，这就需要思想政治教育工作者从多个角度进行调查和研究，对实践进行综合性的把握，这也要求思想政治教育工作具有综合性。

（二）国有企业思想政治教育工作的特点

1.实践中的协同性

对国有企业来讲，思想政治教育工作并不仅仅是企业领导、企业部门、企业基层单位的单一工作，而是涉及了党委书记、部门主任等企业人员的工作，所以，新时代的国有企业应该上下一心，共同营造适合开展思想政治教育工作的环境。企业应以党委为中心，妇联、共青团、工会等组织为辅助构建一个相对完善的、多层次的、全面的思想政治教育工作科学体系，确保思想政治教育工作覆盖企业的所有活动、所有人员，以获得最大效果。在整个思想政治教育工作中，企业党组织的作用和地位不容忽视，因为它既要协调、领导企业的不同部门结合部门特点开展思想政治教育工作，又将分属不同层次的员工连接在一起共同接受行政领导、思想政治教育团队和专职人员开展的思想政治教育工作，更是将企业经营管理和思想政治教育有机地融合在一起。

2.经营管理中的辅助性

国有企业是一种特殊的经济组织，需要承担特定的社会责任。当国有企业身处和谐的社会环境、稳定的时代背景、独特的历史条件当中，用恰当的思想政治教育手段和精神激励机制提升企业员工的职业素养，使其形成高尚的人格，变成合格的社会建设者时，必然能实现长久发展，这也是开展思想政治教育工作的最好时机。随着现代企业理念的逐步完善，我国创建了"产权清晰、权责明确、政企分开、管理科学"的现代企业制度，采用了更为先进、科学、系统的管理理念和经营方式。如今，国有企业在管理过程中开展思想政治教育工作的侧重点也发生了改变，从传统注重理论灌输转为现在重视思想政治教育工作与经营管理的有机融合。由此可知，国有企业的思想政治教育工作既要在意识形态层面担负起普及思想、政治政策的任务，又要融入企业的经营管理活动当中，辅助企业实现经营目标。此外，国有企业创造的社会效益和经济效益可以从侧面反映国有企业思想政治教育工作的效果，从思想层面支撑国有企业稳定、健康发展。

3.思治教育中的复杂性

首先，国有企业员工思想的复杂性要求国有企业的思想政治教育工作必须具备复杂性，因为思想政治教育工作的开展主要涉及意识形态和精神领域，人的思想是其主要的工作对象。国有企业每个员工由于生活环境、学习和工作经历不同，在思考问题、辨别是非上必然存在较大差别，再加上不稳定的工作岗位、恶劣的工作环境以及子女上学、父母养老等各种直接关乎其切身利益的问题会让他们的内心始终承受着巨大的心理压力，更要面临接踵而至的各种新问题，这一切都容易使员工变迷茫，思想也会变得不稳定，工作方向和目标的丧失会大大降低员工的工作动力和工作热情，甚至会使其出现逆反心理，思想政治教育工作开展难度很大。其次，国有企业员工成分的复杂化也要求国有企业的思想政治教育工作具备复杂性。国有企业的思想政治教育工作是面对企业所有员工的，自从我国推行市场经济体制后，国有企业一直在与其他企业竞争，且场面愈演愈烈，这种竞争促使国有企业规模不断扩大，需要的员工也越来越多。如今，国有企业员工的组成成分也从单一的工人群体转为集合了生产、技术、销售、党政、后勤等多部门的群体。企业部门增多，职能划分越来越详细，所需的员工及其需要履行的职责也呈现出复杂性、多样性的特点。国有企业中开展思想政治教育工作的人员在年龄、文化程度、教育背景、风俗习惯以及思想上有着显著差别，这直接导致教育内容空洞、结构零散，更新速度也差强人意。如果用技术人员开展思想政治教育工作，不仅不专业，不能找准工作的重难点和突破点，还因为一味地沿用以前的经验，出现严重的经验化现象。因此，国有企业在开展思想政治教育工作时要结合实际情况适当调整工作方法、形式和内容，切忌"一刀切"。最后，新时代的复杂情况要求国有企业的思想政治教育工作具备复杂性。在新时代，互联网飞速发展并很快成为一种主要的社交工具。互联网具有交互性、匿名性、平等性、开放性，以互联网为依托的交流、娱乐、获取知识等行为也产生了巨大的、全新的变化，国有企业思想政治教育工作更是因为具备创新性、时效性的网络信息化不得不面对更为严峻的调整，企业员工的思想、行为也产生了更为显著的差异。当然，互联网对国有企业思想政治教育工作的开展也有很大帮助，具备高渗透性、广传播性以及强便捷性的互联网可以充当思想政治教育工作的平台或载体，为该教育工作的开展提供全新的、高效的方法和路径。

国有企业虽然也属于企业，但与一般企业存在显著区别，这也导致它的思想政治教育工作与众不同，最主要的一点就是其思想具有指导性。对国有企业来讲，思想政治教育工作地位崇高、作用显著，不仅是企业发展的"生命线"，还是"指导员""联络官"，引导并推动企业有序开展生产活动、经营活动。国有企业的思想政治教育工作具有一个其他社会主义企业不具备的特殊优势——政治优势，因为中国共产党在国有企业中是否处于核心地位、是否发挥领导作用以及国有企业的经济效益和未来发展都与国有企业思想政治教育工作的具体效果有关。国有企业的思想政治教育工作在开展过程中会以马克思主义理论以及马克思主义中国化理论为指导，使企业员工成为有纪律、有文化、有道德、有理想的现代企业员工。国有企业的思想政治教育工作不仅包含思想教育和政治教育，还会穿插集体主义教育、爱国主义教育、理想信念教育等，还会结合时代背景开展社会主义核心价值观教育、形势政策教育以及"伟大中国梦"教育等，国有企业以企业自身特点和发展情况为基础对员工开展心理健康教育、职业道德教育、社会责任教育、法律风险教育等也属于思想政治教育工作的内容。由此可见，思想政治教育工作必然处于国有企业思想的领导层面，只有这样才能保证其思想指导性充分发挥。

第二节　思想政治教育工作的意义

一、国有企业开展的思想政治教育工作可以起到教育作用

国有企业开展思想政治教育工作不仅能让员工的错误思想得到纠正、转变，还能帮助员工树立正确的世界观、人生观和价值观，提升其职业道德素质，使其在企业发展过程中创造更多的价值，为企业发展奋斗终身。此外，国有企业结合日常的生产活动、经营活动以及其他事务性工作开展思想政治教育工作不仅能进一步发掘员工的内在潜力，激发员工的创新性和主观能动性，还能将企业的员工队伍打造成一支专业化、职业化的队伍，保证企业的运转活力满满。

二、国有企业开展的思想政治教育工作可以起到导向作用

思想政治教育工作的导向作用指的是在党的宗旨、纲领、路线、方针、政策的相关要求的指导下，借助思想教育、政治动员、理论宣传等方式纠正、转变企业员工的偏颇思想和态度，使其为企业、社会、国家、党的发展目标的实现拼搏、奋斗。这种导向作用在国有企业中尤为显著。导向作用主要用于行为规范、奋斗目标、理想信念等方面。随着我国社会主义市场经济的推进，国有企业由于掌握国家经济命脉而地位崇高，很容易让企业的部分员工产生腐化的、错误的思想，这就需要及时对员工开展思想政治教育工作，借助其导向作用引导员工形成正确的思想和

观念，确保国有企业的经济安全，坚持党的路线方针政策不动摇，同时充分发挥国有企业的社会保障职责。此外，国有企业开展思想政治教育工作还能对员工队伍起到良好的示范、引领作用，为员工队伍建设指明了方向。

三、思想政治教育工作的开展有利于在员工队伍中发挥协调作用

（一）协调了企业员工间的利益矛盾

从总体上讲，企业员工有着相同的根本利益追求，但由于员工个人情况不同，不同员工之间也必然会存在一定的利益矛盾。企业想要完美解决这种矛盾，不但需要调整员工的收入分配方式，还需要及时开展思想政治教育工作，两向使力效果更佳。例如，可以在企业内部召开座谈会，收集员工对收入的建议或意见，掌握员工的情绪和思想变化，以此解决收入问题。

（二）协调了员工队伍中的人际关系

如今的国有企业分工细致，生产经营活动的每个环节都有专门的部门负责，所有部门团结一致才能保证企业良好运转。如果有些部门的员工带着个人主观情绪与其他部门交流业务工作，就很容易破坏员工、干部以及部门之间良好的人际关系。企业可以通过开展思想政治教育工作、举办多样化的活动来增进干群队伍的关系，消除不同部门员工之间的生疏和紧张感，调和人际关系，使其用更好的精神状态工作。

（三）协调了员工的心理状态

所谓的心理状态，指的是在某段时间内人们心理活动的稳定性。通常情况下，国有企业承担的是稳定民生、保卫经济安全的任务，需要员工持续进行高强度工作。长此以往，员工会因为一直紧绷出现各种各样的心理问题，甚至精神崩溃。此时，国有企业就要及时且深入地开展思想政治教育工作，通过引导让员工对自己存在的问题有正确的了解和认

识，从而克服心理问题，消除问题产生的影响。而且这样做不仅纠正了主观世界的偏颇，还使客观实践活动可能出现偏差的概率大大降低，保证企业生产经营健康有序运转。

四、国有企业开展的思想政治教育工作可以起到凝聚作用

在新时代，思想政治教育工作同样不容忽视，无论是现代化建设、改革开放战略的实施，还是中国特色社会主义理论建设和党的基本路线，都明确要求加强思想政治教育工作，更重要的是，思想政治教育工作能增强党和国家的凝聚力。当干部和群众之间的凝聚力增强，必然能充分发挥社会生产力的作用，实现国民经济的腾飞。国有企业作为中国共产党领导的生产经营企业，其员工队伍同样需要在党的领导下实现凝聚，所以，在国有企业中开展思想政治教育工作能保证党继续发挥其领导作用，能体现党和国家的政治优势。此外，还可以用科学理论实现凝聚，如坚持用马克思主义理论指导实践。企业员工队伍还能在共同理想的指引下实现凝聚。对一个民族来讲，共同理想能将全民族的力量集中在一起，推动民族前进。对一个企业的员工队伍来讲，共同理想能让员工获得满足感，能让企业实现更好的发展。在国有企业内部全面开展思想政治教育工作，能让员工更加坚定自己的理想信念，积蓄力量推动自身和企业不断发展，实现美好的发展愿景。

五、国有企业开展的思想政治教育工作具有维持企业生产环境稳定的作用

自古以来，稳定都是压倒一切的政治任务，它是企业正常运转、人际关系和谐氛围构建的基础，失去稳定，发展也就无从谈起。国有企业开展思想政治教育工作，能让企业保持稳定，让企业员工心安，踏踏实实完成生产建设任务，还能让企业在平稳中实现发展，创造更多价值。国有企业开展各种形式的思想政治教育工作能让企业身处稳定的运营环境当中，能消除企业员工之间的矛盾，还能让员工队伍形成统一的思想

认识，对队伍建设有很大帮助。此外，思想政治教育工作不仅能发挥稳定作用，还能发挥其保证作用。

第三节 思想政治教育工作的发展

一、国有企业思想政治教育工作的孕育期

1919 年 5 月 4 日，五四运动爆发，以马克思主义理论为指导思想的无产阶级正式以独立政治力量的身份登上中国历史的舞台。1931 年，中华苏维埃共和国中央政府成立，国有企业随之问世。从此以后一直到新民主主义革命结束前夕，都属于国有企业思想政治教育工作的孕育期。在这个时间段中，企业类型不仅有国有企业，还有一些小资产阶级企业和官僚资产阶级企业，党的思想政治工作最初只是为了正确领导国有企业，后来也在这些企业当中推行。中国共产党成立后，党的思想政治工作结合当时工人运动的实际情况提出要采用全新的、革命性的方法，即要广泛地发动群众、联合群众并与群众保持紧密联系。此时的中国共产党和工人群众融合成了一个新的有机个体，中国共产党充当大脑的角色，工人群众充当身体的角色，同时中国共产党提出"必须组织一个强大的联盟和各工厂委员会以及劳动组织"的观点。随着工人运动在全国范围内遍地开花，甚至出现了星火燎原之势，中国共产党为了更好地领导工人运动，创建了工会书记部，并在所有工业发达城市都设立了分部。工会书记部的主要作用是宣传马克思列宁主义，提高工人阶级意识，维护工人权利，组织并领导工人运动。1922 年 1 月到 1923 年 2 月这短短一年零一个月，全国共发生了上百次罢工运动，工人运动到达一个小顶峰。此时期的工人运动由于接受过马克思主义理论的指导，一直在正确的道

路上缓慢前行。之后，中国共产党提出了全新的构想，创建独属于无产阶级的革命武装，开辟根据地。1931年，中华苏维埃共和国临时中央政府成立，政府创办了许多企业，这就是最早的"国有企业"，其生产资料制度为公有制。至此，国有企业思想政治教育工作已经具备了一个相对成熟、完善的制度基础。"古田会议"是一个对党思想政治教育有指导作用的会议，其不仅对思想政治教育的作用和意义进行了讨论，还明确规定其内容，提出有效的教育方法。1937年7月，日本发动了全面侵华战争，中国人民誓死反抗。此时的中国共产党不仅在打击日军、保卫家园，还在陕甘宁边区大力发展经济。1945年8月15日，日本投降，但中国共产党和国民党又爆发了解放战争。在中国共产党正确战略的引导下，越来越多的地区获得了解放，一些官僚资本企业也被纳入解放区，归新民主主义国家所有，思想政治教育工作也开始在所有企业中推行。

二、国有企业思想政治教育工作的萌芽期

1949年10月1日，中华人民共和国成立，中国历史发生了划时代的改变，从半殖民地半封建社会转为由中国共产党领导的、民族独立的新社会，从新民主主义革命转为社会主义革命、建设，中国人民在中国共产党的领导下实现了国家独立、民族解放，中国共产党在中国历史中的地位也发生巨大变化，党的思想政治工作也迈入新阶段。中国共产党和中国人民为了巩固人民民主政权，不畏惧复杂的国内外形势，主动进行社会主义改造。七年后，社会主义经济不仅完全恢复，还获得了巨大发展。国有企业在社会主义改造期间实现了巨大的发展，党为了保证思想政治工作取得优异成果，将思想政治工作融入国有企业建设过程中，并给予高度重视。这个阶段属于国有企业思想政治教育工作的萌芽时期。在1949年到1952年这三年时间里，党为了恢复国家经济制订了一系列计划。这三年，党在发展经济的同时，也在捍卫我国的新政权，如参加抗美援朝，开展"三反""五反"运动等。随着政策和形势的转变，党在国有企业中的思想政治工作成为国内形势的焦点。虽然从某种意义上讲新民主主义社会并不能视作单独的社会形态，但党在农业、手工业以及

资本主义工商业开展思想政治工作发生在新民主主义到社会主义的过渡时期，所以，新民主主义社会只能作为单独的社会形态出现。社会主义三大改造也是国有企业思想政治教育工作开展的重要领域。中国共产党在农村地区全面开展思想政治工作，通过宣传手段让更多的农民知晓社会主义，改变其思想意识，提升其思想觉悟；积极与农民交谈，说服他们主动接受社会主义改造，再辅以国家援助，最终实现农业到社会主义农业的转变；向农民讲解社会主义农业的显著特点是按劳分配，想要获得大量金钱改善生活，需要努力工作。此外，要清楚社会主义改造实现过程中农民教育转型的重要性，使用各种手段转变、提高农民的思想意识，让他们清楚他们的工作无上光荣，加快社会主义改造实现速度。中国共产党在手工业开展的思想政治工作以宣传为主，开展"四为"教育，打击个人主义，消除不良风气，提倡勤俭节约、民主合作，多管齐下，提升手工业创业者对社会主义的思想觉悟，完成手工业社会主义改造。中国共产党在资本主义工商业开展的思想政治工作以宣传和教育为主，同步开展对民族资产阶级、资本主义工商业从业者的改革和改造，将其身份转为社会主义劳动者。

三、国有企业思想政治教育工作的成长期

1956 年，中国共产党领导的社会主义改造基本完成，开始在困境中寻求新的发展道路，实现社会主义全面建设。1956 年到 1966 年，是全面建设社会主义时期。在这十年里，中国共产党总结了大量建设社会主义的经验，特别是思想政治工作方面的经验，不仅巩固了思想政治工作在国有企业中的重要地位，还能充分发挥其在国有企业中的重要作用，加快社会主义建设进程。但是，思想政治工作的效果并不理想。对此，中国共产党的思想政治工作应覆盖政治、军事、科学、商业、农业、工业等各个方面，如果其只注重党务、国防事务、教育事务以及文化、经济等领域的事务却不注重开展思想政治工作，很容易出现危险后果。而且所谓的思想政治工作并不单单涉及思想、政治层面的工作，而应与经济、技术融合在一起开展全面工作。全面建设社会主义的十年是国有企

业思想政治教育工作飞速成长的十年。1960 年 3 月，中共中央发出"鞍山市委关于工业战线上的技术创新和技术革命运动发展情况的报告"的指示，科学总结我国社会主义企业管理工作，改革不合理的规章制度，强调有必要开展民主决策、民主管理，干部参加工作，工人参加管理，实现工人、干部和技术人员三结合，也被称为"鞍钢宪法"，成为思想政治工作的基本制度。干部参与工作，对其及时了解工作情况有很大帮助，能及时发现并解决相关问题；工人参与管理，既能激发工人的劳动积极性，还能培养工人的责任意识，有利于企业发展。因此，当企业的领导干部、技术人员以及工人团结一心，能最大化地发挥企业的力量，企业技术、产品的质量以及工人的工作效率都能得到极大的提升，企业能存活更久。思想政治工作和经济工作结合的方式有很多种，如树立典型，即在企业内部举办各种各样的技术培训和劳动竞赛，评选出优秀工人，以其为示范开展思想政治工作。这样做不仅能提升所有工人的思想认识，还能激发工人的工作积极性和创新能力，使其主动提升自己的技术水平，从而大大提升企业的劳动效率。

四、国有企业思想政治教育工作的成熟期

1978 年 12 月，中国共产党第十一届三中全会在北京召开，这次会议提出了"改革开放"这一重要战略，以"社会主义现代化建设"为行动纲领和奋斗目标，中国正式迈入改革开放的新时代，中国经济也迎来腾飞的契机。国有企业的思想政治教育工作在改革开放新时代要面对许多新的挑战。在改革开放新时代，维持国家稳定、实现繁荣发展是党和国家思想政治工作的主要目标。我国实施改革开放战略后获得的巨大成就充分证明党和国家以经济建设为中心开展思想政治工作的决定是正确的、有前瞻性的。党和国家的大局是改革开放新时代思想政治工作的中心和出发点，无论是规划、建设还是具体行动，都应以大局为重，这反映出当代以经济建设为中心的时代特征，能充分发挥思想政治工作的职能。国有企业思想政治教育工作在这个时期飞速发展并逐渐趋于成熟。党和国家的思想政治工作在新时代还能帮助当代人树立正确的世界观、

价值观，提高其思想觉悟，正确看待中国的发展，为中国发展出一份力。国有企业的思想政治教育工作还具有一个至关重要的作用，就是借助国有企业在经济建设中的主体身份推动国家经济建设高速发展。所以，国有企业的思想政治教育工作是党和国家思想政治工作不可或缺的重要组成部分。国有企业思想政治教育工作在改革开放后的基础任务是不断提升企业员工的思想道德素质，帮助他们树立正确的人生观、世界观，提高他们对世界的认知，使其为改造世界尽一份力；激发员工在日常工作中的积极性，使其对工作始终保持热情，尽心竭力完成工作；提升员工的综合素质，实现全面发展；让员工时刻保持对党和国家以及生活的热爱；加快国有企业文化建设进程。对员工来讲，企业的文化建设不仅能丰富自己的文化生活，还能通过参加文化活动弥补自己在精神文化方面存在的空虚，所以国有企业的思想政治教育工作至关重要。国有企业思想政治教育工作在改革开放新时期取得的成就有目共睹，其中坚持以人为本的思想及其深入探索更是不容忽视的闪光点。思想政治教育工作坚持以人为本意味着国有企业对人对企业发展的重要作用有了充分的认知，以此为中心管理员工，不仅能让更多员工了解和肯定思想政治教育工作，还会使其主动配合企业开展的各种培训活动，主动提升自己的综合素质。如果企业在同一时间从工作、生活的角度对员工表示关怀、提供帮助，企业必将充满生机。随着我国改革开放战略的不断推行和深化，我国的经济实现了飞速发展，综合国力也得以增强，党和国家会结合实际情况转变方向，在追求经济繁荣发展的同时，也要坚持科学发展观，坚持以人为本，实现人与社会的和谐发展。这些内容在国有企业的思想政治教育工作中都有一定的表现，具体来讲就是国有企业在开展思想政治教育工作过程中主动将其与企业的文化建设、经济建设以及精神文明建设联系在一起，不断加大其对其他工作的渗透力度，引导企业在遵循党的路线方针政策的基础上，接受科学发展观、和谐发展等思想的指导，保证企业各项工作有序展开，实现全面发展。

第三章　国有企业与思想政治教育工作

第一节 国有企业思想政治教育工作的新环境

一、以公有制为主体的市场经济体制的建立

我国在构建市场经济体制后，原本处于计划经济体制的国有企业开始转向市场经济体制，在这一过程中，国有企业逐步实现了从封闭到开放的变革历程。在社会主义初级阶段，我国的基本经济制度随着市场环境的变化产生变革。过去人们仅强调公有制的比例与成分，现如今，人们则越来越关注公有制的能力与质量。社会主义公有制与非公有制由此形成了优势互补、协作互助的关系。目前，公有制经济已发展成为社会主义初级阶段的主导经济，但仍需为非公有制经济的发展和壮大提供引导和支持。非公有制企业在地位上的提高，为国有企业开展思想政治教育带来了新课题。

另外，市场经济的发展与成熟为国有企业开展思想政治教育创造了新环境。市场经济是一种基于市场进行资源配置的经济形态，属于自由企业经济。在市场经济背景下，市场的自由价格机制对国有企业服务与产品的经营销售起到了引导作用，这与计划经济下国有企业服务与产品的经营销售由国家引导不同。市场经济的成熟不仅结束了公有制企业的一家独大，而且为其开展思想政治教育工作提供了开放、法治、平等和竞争的外部环境。农业经济重点关注劳动力和土地的基本作用；工业经济重点关注资源在各个方面的用途；而以知识经济为核心的市场经济价值体现在智力与知识的占有上。其中，以知识经济为核心的市场经济将市场营销作为一种常用的经营策略，由此引发了经济社会领域的众多深刻变革。

首先，随着以知识经济为核心的市场经济发生变革，国有企业开展思想政治教育工作所面临的市场环境与社会环境发生了改变。市场经济

作为一种结合计划与市场的经济体系，旨在实现社会资源的合理分配。以自主经济为主导的市场经济要求国有企业在产权独立、经济利益独立的前提下，做到自主营业、自我发展、自负盈亏以及自我约束，不再作为传统经济条件下政府的附属或附庸；以平等经济为主导的市场经济要求，无论企业的营运模式是公有制还是非公有制，都应遵循商品等价交换原则，还要求政府只能从宏观层面为企业的营运提供指导，而不能在微观层面对其进行干预；以竞争经济为主导的市场经济要求所有企业都应遵循优胜劣汰的竞争法则；而在以服务经济为主导的市场经济中，国有企业不再以共产供销的方式，通过产品与服务获取经济效益，而是将消费者需求作为切入点，通过实现其需求实现商品价值，为企业的生存与发展提供保障。市场经济盈利的目的、自由的特征、竞争的本质、平等的要求等为国有企业开展思想政治教育工作带来了新机遇，国有企业在开展思想政治教育工作时，应不断吸收先进的理念，打破传统，在全新的环境下充分发挥作用，从而提高工作效率。

其次，在原本有待进一步完善的市场经济体制下，国有企业思想政治教育工作的环境充斥着大量不确定性因素与各种潜在风险。传统经济环境下，国有企业在开展思想政治教育工作时，很多因素都是可控的，教育内容具有固定化、程序化的特点。而现代市场经济环境比传统经济环境复杂得多，国有企业思想政治教育工作的开展需要面对更加开放、多元的环境，有了更多不可控因素，这在一定程度上加大了工作难度，只有调整教育内容，才能保障国有企业思想政治教育工作的顺利开展。与此同时，市场经济还需要具有计划经济的计划性、高效性、稳定性等，为国有企业开展思想政治教育工作提供保障。

最后，在以知识经济为核心的市场经济下，国有企业思想政治教育工作获得了新动力。知识经济的施行与推广，不仅改变了思想政治教育工作的工具与内容，而且使传统经济的动力机制与内容发生了变革；不仅强调了个人与智力的重要性和思想政治教育工作的意义，而且为思想政治教育工作的开展提供了更有效的方法手段，为国有企业开展思想政治教育工作创造了新环境。

二、以产权制度为标志的现代国有企业制度的建立

以产权制度为标志的现代国有企业制度的建立，是对中国特色社会主义市场经济体制深入改革的关键，涉及产权清晰、权责明确、政企分开、管理科学等部分。首先，产权清晰是现代国有企业制度建立的核心。在此前的体制下，国有企业的产权关系往往模糊不清，使得国有企业的管理效率低下，资源配置无法达到最优。通过产权制度的改革，将国有企业的产权明晰化，可以提高国有企业的经营效率，激发国有企业的活力，使其更好地服务于市场和社会。其次，权责明确是现代国有企业制度的重要特征。只有明确了各方的权利和责任，才能实现对企业的有效管理和监督。再次，政企分开是现代国有企业制度改革的重要环节。过去国有企业往往被视为政府的一个部门，企业的决策往往受到政府的干预，这对企业的发展造成了一定的困扰。通过政企分开的改革，使得国有企业可以根据市场的变化自主决策，提高企业的竞争力。最后，管理科学是现代国有企业制度的重要组成部分，国有企业应该运用现代企业管理理论和方法，优化企业管理，提高企业的运行效率和竞争力。

三、价值多元冲击下社会主义核心价值体系的倡导

中国共产党第十七次全国代表大会上的报告强调："社会主义核心价值体系是社会主义意识形态的本质体现。要巩固马克思主义指导地位，坚持不懈地用马克思主义中国化最新成果武装全党、教育人民，用中国特色社会主义共同理想凝聚力量，用以爱国主义为核心的民族精神和以改革创新为核心的时代精神鼓舞斗志，用社会主义荣辱观引领风尚，巩固全党全国各族人民团结奋斗的共同思想基础。"

社会主义核心价值体系的构建，以马克思主义为指导，以中国特色社会主义共同理想为主体，以改革创新的时代精神与爱国主义的民族精神为精髓，以社会主义荣辱观为基础。在构建社会主义核心价值体系的过程中，应对社会舆论进行正确、有力的引导，充分发挥社会舆论对全党、全国各民族人民的规范作用，利用大众文化潜移默化的熏陶作用，

促进国有企业思想政治教育工作的顺利进行。国有企业应在社会主义核心价值体系的指导下，坚持开展思想政治教育工作，积极开展以中国特色社会主义理论为核心内容的宣传普及活动；同时定期或不定期开展理想信念教育，以正确的世界观、人生观、价值观和中国特色社会主义共同理想引导国有企业所有人员形成坚持改革创新的时代精神与爱国主义的民族精神，形成强烈的民族归属感和民族自豪感。

第二节　国有企业思想政治教育工作的基本遵循

一、正面引导，尊重员工

无论是在革命、建设时期还是在科学发展的新时期，思想政治教育工作都具有极其重要的地位与作用。思想政治教育工作的开展应坚持以教育为主和正面引导的原则，用正确舆论对人引导，用科学理论给人武装，用优秀作品给人鼓舞，用高尚精神对人塑造。现如今，社会主义市场经济的建设与发展为了与市场变化相适应，要求企业从内部着手深化改革，要求企业结合日趋严峻的产品竞争和多变的市场经济，以严格的纪律对自身进行更有效的管理。思想政治教育工作的开展应结合实际需要，为职工提供正确的思想价值观念引导和教育，使其继承艰苦奋斗的优良传统，形成以企业大局为先、为重的意识，以敢于拼搏、积极奉献、爱岗敬业的良好品德积极参与到企业生产经营的各项工作中，讲正气，树新风，引导全体职工以统一的价值观念为企业的稳定、有序发展做贡献。

国有企业在开展思想政治教育工作时，应以真诚的态度面对企业员工，要在精神、心理、物质、利益等方面真正做到尊重员工，在具体政治工作中，以和蔼的态度面对员工，做到将心比心、以心换心，设身处地为员工的切身利益与持续发展着想，这样就会收获预期甚至超出预期的成果。与此同时，在思想政治教育工作开展过程中，政工人员应丢掉身份的包袱，丢掉领导的架子，在工作中积极摸索尝试有效的方法策略，在尊重职工的前提下，与之进行真诚、平等、和谐的思想交流，以增进共识。在此过程中，政工人员应认真听取和选择性接纳对方的意见与建议，尊重职工的发言权，与职工进行双向、有效的思想情感交流，促进思想政治教育工作的有效进行。需要注意的是，无论工作中的问题是否得到有效解决，政工人员都应以真诚、平等的态度开展思想政治教育工作，调动职工的工作积极性，充分发挥职工的创造性，增强职工对本职工作的认同感和对国有企业的归属感，保障国有企业思想政治教育工作的顺利进行，促进国有企业可持续发展。

二、效率为先，服务大局

国有企业的管理层应结合企业改革、改制的大形势，根据市场经济发展变化情况，为开展思想政治教育工作设置对应机构，秉承"精干、高效"原则，带领专职人员推动思想政治教育工作高效、高质量发展。为了保证国有企业思想政治教育工作的稳定、顺利开展，企业管理者应从整体上提高政工干部队伍的素质，开发多样化的政工机构管理功能，探索高效简练的新工作模式与新工作机制，促进企业的深化改革。具体而言，就是组建一支主导为党委领导、骨干为专职政工干部的专群结合、专兼结合的思想政治教育工作队伍，构建党政工团共同对思想政治教育工作负责和进行管理的新格局，同时通过一岗双责行政政工干部轮岗交流制度将各级干部培养成为复合型干部，促进管事、管人与管思想三项工作有机结合，将思想政治教育工作有机融入企业的生产经营活动中，使两者相互促进，创造"1+1 > 2"的效果。

在具体开展思想政治教育工作过程中，国有企业政工人员应贯彻"效率为先"的原则。国有企业需要通过生产经营创造社会价值，获得经济效益，这要求国有企业在遵循效率为先原则的基础上，在生产营运与思想政治教育工作统一的前提下，结合自身生产性要求对思想政治教育工作做出具体安排。国有企业的思想政治教育工作应对员工的特殊性予以重视，向其提供适当的思想政治教育。由于国有企业员工的时间与精力主要花费在企业生产实践中，对他们而言，时间就是效率，所以国有企业思想政治教育不能采取学校的教育模式，而是要与平时生产、生活相结合，在保证企业生产经营活动正常进行的前提下开展思想政治教育工作。

三、民主商议，公开透明

国有企业在开展思想政治教育工作时，应以党和国家的政策主张为依据，对重要决策和重大问题应公开出来，以坦诚、平等的态度，与职工进行实事求是的民主讨论和协商对话，通过有效的双向沟通，对各方利益关系进行协调，解决职工在思想方面存在的各种问题。国有企业在开展思想政治教育工作时，应采取民主的原则，听取职工的真实心声，根据职工给予的信息反馈开展有针对性的工作，使职工愿意接受，从而提高企业生产效率，为企业的稳定营运提供保障。

四、以理服人，以情动人

从本质上看，国有企业面向职工开展思想政治教育工作的过程，就是双方实现心灵沟通的过程，这需要职工与企业之间有一定的感情基础，能在相互理解、相互信任的基础上沟通。达到这一点的前提是国有企业在开展思想政治教育工作过程中，对职工开诚布公、真诚以对，将职工的心理戒备降到最低甚至消除，为职工提供一个相对自由的发言空间与和谐愉快的工作氛围，使企业与职工双方能够真正实现有感情、有实效的沟通交流。

一方面，国有企业要以理服人，做到摆事实、讲道理。尊重客观事实是国有企业开展思想政治教育工作必须做到的，国有企业应通过调查研究，对整体事实真相与职工思想情感有明晰的了解。摆事实要求以客观事实为依据，讲道理则要求言符其实，要有充分的事实依据，并且有针对性，能结合人们的觉悟能力、思想水平、接受能力等，以循序渐进的方式真正使职工信服。客观事实以科学为依据，因此，国有企业要做到以理服人，其思想政治教育工作还要讲究科学性，结合群众思想对事实道理做出透彻的分析。

另一方面，国有企业应以情动人。国有企业的思想政治教育工作要做到情理结合，以情动人，真正打动人心，重视职工情感因素在说服教育中的作用。调动职工情感，正确引导职工感情的力量，对国有企业有效开展思想政治教育工作具有积极作用。国有企业思想政治教育工作者应先与受教育职工建立良好的感情基础，做到用真诚的态度对待职工，这样可提高职工的配合度，从而调动思想政治教育工作者在工作方面的积极性，使思想政治教育工作者不怕反复、不畏困难，以强大的耐心与信心，做好思想政治教育工作。

第三节　国有企业思想政治教育工作的主要内容与基本方法

一、国有企业思想政治教育工作的主要内容

（一）国有企业员工的基础教育

1.理想信念教育

理想不是幻想，也不是空想，它是奋斗目标的一种形态，是一种可能实现的信念。理想能够为人指明奋斗的方向。国有企业在开展思想政治教育工作时，应为员工树立建设中国特色社会主义的信心与决心，使其为实现中华民族伟大复兴不懈奋斗。

2.世界观、人生观、价值观教育

国有企业思想政治教育工作应以世界观、人生观以及价值观教育为

基础内容。正确的思想价值观念能对人形成正确的人生指导，帮助员工走上正确、有价值、有意义的人生道路。就青年员工而言，"三观教育"不仅对其在职业、事业上的发展有深刻影响，而且对其是否能实现人生目标也有影响。

在"三观教育"中，世界观指人们观察世界形成的根本观点与总体看法。国有企业在世界观教育中，应引导员工树立正确的世界观并使其对马克思主义方法论有深入的了解。人生观指个人对人生目的和人生意义的态度与根本看法。国有企业在人生观教育中，应引导员工培养甘于奉献、积极奉献，为国家建设与社会发展创造价值的精神，将自我价值的创造与企业发展相结合，实现双赢。价值观是人们对善恶、是非的评判依据，树立价值观有助于员工深入理解自由、荣辱、幸福、平等等观念，价值观对个体行为具有一定的导向作用。国有企业在价值观教育中，应对影响员工价值观形成的因素，如员工生活条件、工作环境、网络技术的发展等有较为全面的剖析了解，结合员工的发展需要为其提供适合其形成正确价值观的环境，弘扬马克思主义主旋律，构建社会主义核心价值体系，引导员工树立正确的价值观，使其在工作中能很好地抵御诱惑、克服困难，坦然面对成功与失败，为企业建设、发展做贡献。

3. 党的基本理论、路线和纲领教育

国有企业的思想政治教育应以党的基本理论、路线与纲领教育为核心，提升员工的政治素质，让员工树立坚持党的领导和坚持走中国特色社会主义道路的信念，并在科学理论的指导下，利用电视、互联网等媒体，以培训、组织学习等形式，将党的方针、纲领、理论、政策、路线等灌输到员工头脑中，统一员工思想，凝聚人心，推动国有企业健康、快速发展。

4. 爱国主义教育与集体主义教育

国有企业开展爱国主义教育与集体主义教育，有助于强化企业员工对人民、对党、对祖国的情感，有利于员工处理好国家、集体、个人之间的利益关系。

一直以来，爱国都是中华民族的优良传统，国有企业开展爱国主义教育应培养员工的爱国意识，提高员工对国家的忠诚度，将产业报国的企业理念与爱国情怀相结合，引导员工努力工作，无私奉献。随着经济全球化的发展，国有企业应立足世界精神、全球意识、国家理念、国际观念的大背景对员工进行爱国主义教育。

集体主义是一种以国家利益、民族利益、集团利益为先，个人利益甘为其下的思想理论，国有企业面向员工开展集体主义教育，可以使员工更加团结，使员工齐心协力，共同为企业的建设发展出力。随着市场经济竞争日趋激烈，人们的主体意识觉醒，个性得到了发展，基于此开展思想政治教育工作，国有企业应将国家与人民的利益摆在首位，帮助员工明晰了解集体利益与个人利益之间的关系，培养员工个人利益服从于国家利益、集体利益的意识，强化员工的集体观念，同时要给予员工个人利益充分的尊重，通过提高员工的主体性与创造性，使员工充分发挥其在工作中的主人翁地位，促进国有企业健康发展。

5. 团队精神教育

简单来讲，团队精神就是服务精神、协作精神、大局意识的集中体现。团队精神以尊重成员的个体成就与兴趣为基础，以协同合作为核心，以全体成员形成凝聚力、向心力为最高境界。团队精神要求组织高效率运转，同时要求整体与个人的利益统一。国有企业在开展团队精神教育时，要注重对员工团队意识的培养和团队信念的树立，使员工忠于企业、热爱集体、勤劳务实、互帮互助，以和谐、轻松的氛围提高员工团队合作的效果，提高团队的整体业绩。

（二）国有企业员工的道德教育

道德对人类文明、社会进步以及社会经济的繁荣都具有深刻的影响。在当今时代，社会公德、职业道德、家庭美德三个方面的道德相互促进、相互影响，共同构成国有企业员工道德教育的内容。从社会、职业、家庭三方面着手开展道德教育，有利于将员工培养成为对社会、企业、家庭负责的正派、公正的人。

1.社会公德教育

社会公德是人们在社会生活中的基础行为准则，它与广大人民群众的实际利益息息相关。社会公德是人类和谐发展与社会安定繁荣的内在需要，是整个人类社会公认的行为规范。社会公德教育涵盖爱护公共财物、遵守公共秩序、乐于助人、维护企业形象、保持公共环境、积极参加企业公益活动、团结同事、尊敬领导等与企业精神文明建设密切相关的多个方面。国有企业开展社会公德教育对端正和发扬社会风气、维护社会安定繁荣、提高企业所有员工的社会责任感以及在未来实现社会效益与企业经济效益双丰收具有重要意义。

2.职业道德教育

职业道德指的是员工必须遵从的工作行为规范与道德准则。作为国有企业道德教育的核心内容，职业道德教育具有增强员工使命感、责任感、进取心的作用。国有企业开展职业道德教育，有助于引导员工形成良好的敬业精神与竞争意识，促进员工之间互帮互助，形成良好的风气。国有企业在开展职业道德教育时，应引导各岗位员工尽职尽责、爱岗敬业、勤劳工作、团结协作、遵纪守法、克己奉公，让员工树立平等意识，使其明确不同职业只有工作内容不同，没有高低贵贱之分。

3.家庭美德教育

家庭美德是指人们在家庭生活中调整家庭成员间关系、处理家庭问题时所遵循的高尚的道德规范。家庭美德包括男女平等、邻里团结、尊老爱幼、勤俭持家、夫妻和睦等内容。家庭是每个人成长必不可少的地方，对企业员工的一生会造成持续的、不容忽视的影响，良好的家庭氛围能有效缓解员工因工作产生的疲劳，为员工工作提供支持，降低员工离职率，为企业营运提供保障。

（三）国有企业员工的心理健康教育

在市场经济体制下，国有企业面临的市场竞争日趋激烈，对企业、企业领导和员工造成巨大的心理压力，包括企业在市场方面要面临的压力，企业领导在决策时要面临的压力，员工在岗位竞争方面要面临的压力等。心理健康教育因此成为国有企业思想政治教育工作必不可少的内容。国有企业在开展心理健康教育时，可将以下三方面作为切入点：首先，就市场经济方面的理论知识对员工进行适当的教育，帮助员工深入了解市场经济状况，了解其变化为企业发展与员工个人成长带来的机遇和挑战，帮助员工找出自身工作优势，使员工的心理压力得到有效缓解；其次，就国有企业改制的相关知识对员工进行教育，有助于员工充分了解国有企业改制对企业持续发展的积极作用，如企业竞争力与生产效率的提高，明确国有企业改制是企业实现快速发展的必由之路，由此解决员工的心理问题；最后，对员工进行全面的心理素质教育，提高员工的抗压能力、心理承受能力、自我调节能力，为员工的工作、企业的稳定发展提供保障。

（四）社会主义市场经济知识理念教育

1.经营观教育

经营观也叫经营意识，指在企业生产经营活动中，企业领导人带领全体职工解决各类问题，保障企业健康发展的指导性和根本性思想，同时是在企业生产经营过程中，对其形成的本质认识与实践总结。在快速发展的市场经济中，只有拥有超前的经营意识，企业才能占据领先地位。超前的经营意识能让企业领导决策时帮助企业占据更多有利条件，从而使企业在激烈的市场竞争中分配到更多优质资源，从而为自身生产经营活动的进行提供持续性支持和保障，获取更大的经济效益。国有企业开展经营观教育有利于员工形成良好的效益观念与市场理念，真正树立"一切围着市场转，一切瞄准效益干"的意识，从而为企业争取更大的竞争优势，使其在市场中立于不败之地。

2.就业观教育

现如今，社会主义市场经济快速发展变化，社会生活的各个方面都能体现出竞争机制的影响与渗透，就业市场也不例外。良好的就业观能影响人的择业、就业和长久的职业发展。国有企业开展就业观教育，有助于员工明晰市场经济优胜劣汰的本质特征，从而树立良好的动态就业观、竞争就业观。

就动态就业观来说，随着科技的不断发展和社会的不断变革，产业结构已然发生了明显变化，越来越多的新型产业抢占了传统产业在市场中的位置，导致产业部门、岗位、就业状况等时刻发生变化，这种变化是动态的，是随着市场的变化而变化的，就业观教育能帮助企业员工对这种动态变化有较为全面的了解，让其树立动态就业观，使其能以从容的态度面对本职工作的变化（包括失业与再就业），避免因工作的调动而产生的消极情绪，激励员工奋发图强、力争上游。

就竞争就业观而言，随着就业市场中的竞争日益激烈，好工作、好岗位供不应求，企业员工应珍惜工作机会，认真完成每一项工作任务，在工作中精益求精，形成竞争意识，与其他优秀同事、与过去的自己竞争。在竞争意识的驱使下，一方面，企业员工可争取更多有利于自身职业发展的工作资源，从而向更高的岗位级别、更理想的职业岗位攀登；另一方面，企业员工将重视自身在职业发展道路上的成长与进步，将通过完善知识结构、学习更多技能技巧、发展特长、提升思想道德素质等手段提升自身综合素质，使自身具备突出的岗位竞争实力和优势，能在激烈的就业市场竞争中取得胜利。这就需要国有企业在思想政治教育工作中向员工提供就业观教育，培养其良好的竞争就业观。

3. 时效观教育

二十世纪七八十年代，速度经济成为市场经济的主导。"时间就是金钱，效率就是生命"，这句话在当时刷新了全国人民的市场经济观念。在当时的市场经济背景下，企业的实用性、经济性、时效性息息相关，如果不想在日趋激烈的竞争中被淘汰出局，就必须创造实用性强的产品，提高生产效率。这就需要国有企业在思想政治教育工作中开展时效观教育，尽可能以最少的成本创造出更多高质量产品，以满足层出不穷的社会需求。

4. 利益观教育

利益观指人对利益的根本态度与总体看法，包括对个人利益与人民利益的看法。利益观教育应从以下三方面着手：首先，通过正确的价值观引导和积极的利益观教育，帮助员工平衡好集体利益与个人利益之间的关系，使其个人利益服从国家、企业利益；其次，通过利益观教育，帮助员工平衡好索取与奉献之间的关系，索取应以奉献为前提和基础，员工在工作过程中应形成良好的奉献精神，积极为人民、为国家创造精神财富与物质财富；最后，应坚持按劳分配原则，坚持多种分配方式并存的制度。

5. 经营知识教育

企业经营知识教育包括强化企业经营战略与强化专业知识教育两个方面的内容。强化企业经营战略要求国有企业就产品创新、市场创新等知识对员工进行教育，增强企业决策层的创新能力，培养全体员工开拓进取的精神；强化专业知识教育则要求国有企业就财务管理、工商管理、科学技术等方面的专业知识向员工开展相关的教育活动，从整体上提高全体员工的生产经营水平。

6. 岗位知识教育

（1）岗前教育。岗前教育指针对刚入职员工的知识教育，旨在帮助新员工对企业经营内容、企业文化、企业规章制度、岗位职责、工作内容、工作任务、岗位规定、工作环境有所了解，同时帮助新员工快速适应工作环境，熟练岗位操作，将自身成长与职业发展联系起来，形成岗位意识，利用专业知识与技能，创造自我价值。因此，国有企业应重视岗前教育。

（2）安全生产教育。安全生产教育的内容取决于企业的生产经营活动，因企业而异，主要包括两个方面的内容：一是将安全生产制度、安全操作规程以及相关注意事项作为教育内容，使员工形成安全生产意识，养成安全生产的行为习惯；二是对安全与企业利益、个人利益、社会利益、家庭利益之间的关系进行强调，引导员工形成安全生产观念，明确安全生产的重要性，能在实际生产工作中认真遵循安全生产的原则与要求。因此，国有企业应重视安全生产教育。

（3）质量教育。质量教育指教育员工在生产经营过程中，对产品质量进行把关,保证生产经营合格产品,不偷工减料,不弄虚作假。好的产品质量不仅是企业生存的根本,而且是企业持久发展、做大做强的前提和保障。国有企业质量教育应围绕产出质量、工作质量与售后质量三方面内容,培养企业员工的精品意识与质量意识,从而迎合市场需求,为市场生产供应优质产品与服务。

(五)国有企业员工的民主法制教育

1.社会主义民主教育

从国家性质上看,我国是人民民主专政的社会主义国家,在政治、文化、经济等各个方面,人民都享有广泛的民主权利。在国有企业的经营上,实行民主制度有助于调动全体员工工作的主动性与积极性,促进企业上下级之间沟通交流,还有利于营造和谐、轻松的企业氛围。国有企业社会主义民主教育可包括以下内容:首先,在思想上帮助员工正确认识社会主义民主基本内容、民主与集中的关系、社会主义民主的优越性等;其次,在思想上帮助员工树立民主意识,强化员工在实际工作中的主人翁意识,引导员工积极参与企业生产、管理和发展;最后,通过开展社会主义民主教育,保障员工在企业中的民主权利,督促员工积极履行民主义务,发扬企业民主传统。

2.社会主义法制教育

在法制经济层面,社会主义市场经济体制的完善与现代企业制度的构建需要人树立法律意识,构建健全的法律制度。现如今,我国法律体系已构建基本框架,并基本形成了有法可依的局面,推进法制教育工作和法制知识的宣传普及势在必行。国有企业应开展社会主义法制教育,从整体上提高全体员工的法制素养。首先,国有企业应向员工开展知法教育,将法律知识的宣传与普及作为重要工作内容,通过教育引导企业员工学习法律基础知识,增进员工对《中华人民共和国宪法》《中华人民共和国劳动法》等法律知识的了解。其次,国有企业应向员工开展懂法教育,使员工在知法的基础上,内化法律知识,了解法律边界,在法律允许的范围内做事,杜绝一切违法行为。再次,国有企业应向员工开展守法教育，通过恰当的案例引导员工形成守法意识，强化员工的守法自觉，使员工在具体工作中能坚守法律底线，在法律允许的范围内开展生产经营活动和参与市场竞争。最后，国有企业还应向员工开展用法教育，帮助员工掌握法律法规，使其能正确运用法律的武器保障自身或企业的正当、合法权益。

二、国有企业思想政治教育工作的基本方法

（一）典型示范法

典型示范法指通过某些典型的人、事的示范作用，启发人、教育人。典型示范法可以通过树立先进典型的方式，对抽象、深刻的价值观念与道德观念形象化、具体化，以此引导人们学习和效仿，从这一点上看，榜样就是典型示范中的一种。近年来，典型示范的作用逐渐得到了人们的重视与广泛应用，很多模范人物与先进集体成为先进典型，成为广大群众学习的榜样和追赶的目标，这有利于全社会形成崇尚先进、学习先进、争当先进的良好风气，对全国人民积极建设有中国特色的社会主义国家、实现中华民族伟大复兴有积极作用。国有企业在思想政治教育工作中通过宣传先进典型的事迹树立先进典型，对企业员工的精神与思想进行熏陶，比讲道理更直观、生动、鲜明，也更具感染力、说服力和号召力。

典型示范法是一种有理论依据、行之有效的思想政治教育工作方法。客观事物的发展均有一定的规律与秩序，无论哪种事物、哪种工作，都存在或先后，或好坏的差别，由此，就会形成典型。如果某物在同类事物中，在某些方面具有代表性，且能反映出事物在一定范围内或在某时期内的本质特征，能体现事物发展的趋势，这种事物就可作为典型。典型可以反映社会发展的价值取向，有着与不同时期党和国家任务相符的示范作用，因此能从思想上引起人们的共鸣，有极强的示范效应。国有企业在思想政治教育工作中，可通过树立典型为员工提供工作榜样，并发挥榜样的作用，引导员工自觉学习和模仿先进，不断提升自我、完善自我，创造和实现自我价值。

典型示范法的应用需要满足以下要求。首先，国有企业应善于发现和挖掘员工中的典型，将其作为员工楷模，充分发挥典型的示范和引导作用，调动员工工作的自主性和积极性。由于各个岗位的工作内容、经验做法、属性特点等各有差异，所以，国有企业在选择典型时，应注意结合岗位的基本特点，在充分了解岗位工作要求与内容等的基础上，做出合理、恰当的评判，选出真正具有代表性和示范性的员工或事例作为榜样、模范，树立典型，引导员工，教育员工。其次，国有企业应选好典型，榜样的力量是强大的，好榜样、好典型会对企业员工产生巨大的影响，对企业生产经营氛围的营造和活动的有序进行也有积极作用。因此，国有企业在选择典型时，应对备选员工或事例进行全面调查，多听取员工的意见，选出令人敬佩、受人欢迎、真正能起到示范作用的典型。典型的选择应注意其群众性、先进性和时代性，保证其根植于广大人民群众、服务于社会的发展与进步，能反映时代的鲜明特色。再次，国有企业应将典型所具有的示范作用充分发挥出来，这要求国有企业思想政治教育工作者抓住每个典型的特点和其所体现的时代精神的闪光点，对典型事迹与典型人物的先进思想进行重点介绍，并发挥典型对员工的激励和示范作用，从而启人心扉、激人奋进。集中宣传重大典型事件，是通过舆论对员工进行积极引导的有效方式。最后，国有企业应以端正、理性的态度对待典型，在适当的情境条件下、在一定的岗位上发挥典型的引导功能，对先进人物量才使用，通过他们的经验与精神，向员工施以积极的影响，使员工以积极、乐观、坚韧、认真的态度工作，能认真钻研工作内容，努力提升工作能力，解决工作中的问题，使员工不断完善自己。此外，国有企业应坚持物质鼓励与精神鼓励相结合的原则，给予做出特殊贡献的先进典型重奖，保护好先进集体与模范人物在工作中的创造性和积极性。

（二）自我教育法

自我教育法指在思想政治教育的指导下，个体遵循社会要求，有计划、有目的、自觉地认识自己、反思自己、调控自己、改造自己，促进自己思想政治素质与道德品质不断提高的方法。简单来说，自我教育指的就是自己对自己进行思想教育工作，内部改变自身世界观，实现自我提高。

自我教育思想在我国源远流长。春秋战国时期，儒家学派创始人孔子提出："见贤思齐焉，见不贤而内自省也。"[1]儒家提出的自我教育法与内省、自省类似，主要体现为儒家思想中的"慎独""反求诸己"等。在社会主义市场经济背景下，个体的自我选择、自我判断、自我修养等已成为时代的突出特征。因此，自我教育是思想政治教育工作的重要内容和必然选择。而国有企业在思想政治教育工作中，引导员工进行自我教育，有利于员工对自身进行正确、全面的认识和反思，从而调控、改造和完善自己，提升自身思想道德水平与思想政治觉悟。

在思想政治教育工作中，自我教育法具有重要作用。通常情况下，国有企业思想政治教育工作需要向企业员工施加外在的教育和指导，通过充分发挥员工在工作中的主体性来实现目标。国有企业应通过思想政治教育工作对员工进行科学的培养与引导，激发员工的内在动力，使其为了提升自我，实现人生价值，进行自我教育，从而实现思想政治教育工作的深入落实，产生良好且持久的教育效果。自我教育能促进个体角色内化，激发个体内在动力，对个体解决自我矛盾有很大作用，更有助于个体树立正确的世界观、人生观与价值观，形成良好的思想道德素质。

自我教育的形式有两种。一种是个体的自我教育，指员工通过剖析、反省等，进行自我提升和完善。在自我教育中，员工可从内部调整自身思想，消除消极因素，使自身的思想道德素质得到提高，实现自我完善。另一种是集体的自我教育，即在一个集体内部，通过群众性的互教互学活动，提高全体成员的思想水平和政治觉悟。集体的自我教育形式多种多样，包括集体讨论、评比竞赛、民主评议、批评与自我批评等。集体思想政治教育效果往往大于个体思想政治教育效果。

---

[1]　孔子.论语 [M].杨伯峻，杨逢彬.注译.杨柳岸，导读.长沙：岳麓书社，2018：44.

（三）情感激励法

情感激励法指的是通过创设各种情境，熏陶和感染教育对象，调动其情感，引导和促进其向某个方向发展，从而实现某种目的的方法。情感是联系人与客观事物的中介，能调节和影响人的行为与思想。激励具有激发与鼓励的含义，企业可对员工的工作结果和创造的价值表示认可，这样有利于员工提高工作效率。国有企业开展思想政治教育工作应注重运用真理说服人、教育人，用真情打动人，以员工的情感为切入点，与员工形成情感上的共鸣和心灵上的沟通，从而获得理想的思想政治教育结果。

人有自然属性，也有社会属性。从一定角度上看，人是一切社会关系的总和。在社会生活中，人具有主动性、创造性、自觉能动性，有自我意识，有自己的理想追求、志向抱负，会为了实现某种目的产生积极向上的动力。国有企业开展思想政治教育工作就是为了激发员工的这种自我意识，引导员工在工作中充分发挥自主性、创造性与自觉能动性等，为满足自我需要，实现自我抱负而努力工作。

国有企业思想政治教育工作可以说是一个思想转化、情感交流的过程，教育工作者希望教育对象能接受具有教育意义的信息，而教育对象可以从教育工作者传递的信息中选择自己需要的，从而使双方实现情感、心灵上的沟通。为了实现有效的思想政治教育，教育工作者应以真挚的情感和诚恳的态度，打动教育对象，使其能敞开心扉，真正认同教育工作者的思想观念，从而接纳教育工作者传递的一切有教育意义的信息。这要求教育工作者做到践行真理、以德服人，在情感方面给予教育对象充分的关怀、理解、尊重、信任，激发教育对象的主动性、积极性与创造性，使教育对象积极接受思想政治教育，同时对企业形成更强的认同感与归属感，能在实际工作中做到言行一致、团结一致、上下一心，共同为企业的经营发展做贡献。

（四）理论教育法

理论教育法也叫灌输教育法，指教育工作者应向教育对象有程序、有目的、循序渐进地灌输马克思主义理论和宣传党的政策、方针与路线，传播科学方法与先进思想，使教育对象的认识水平与思想觉悟得到提高。理论教育形式主要有理论讲授、理论学习、理论宣传、理论培训、理论研讨等。

马克思主义中的"灌输论"是理论教育的依据，"灌输论"认为，人类先进的、科学的社会主义意识是不能自发产生的，必须通过系统的学习教育才能把握。① 马克思和恩格斯再三强调，要把科学社会主义"传布到工人群众中去"②。列宁继承和发展了马克思、恩格斯的这一思想，指出："工人本来也不可能有社会民主主义的意识。这种意识只能从外面灌输进去。"③ 理论上的情形是保证政治坚定的基础，思想政治教育工作是提高人们认识水平与思想觉悟的有效途径。从根本上看，国有企业开展思想政治教育工作就是为了提升员工的认识水平与思想觉悟，而理论上的指导能够保证工作方向、方式的正确、有效，可见在思想政治教育工作中，理论教育占据主导地位。因此，国有企业在开展思想政治教育工作时，应将先进的科学理论与思想灌输到干部与普通员工的头脑中，运用马克思主义中国化最新理论成果为思想政治教育工作提供坚实的武装，以此提高干部与普通员工的科学文化素质与思想道德素养，使其成为有理想、有道德、有文化、有纪律的社会主义新人。

理论教育的内容通常包括马克思主义基本原理、中国特色社会主义理论体系、企业文化、企业政策和规定等。以下是实施理论教育的一些重要步骤：

1. 确定理论教育内容

在实施理论教育时，先要确定教育内容，这通常包括企业的愿景、

---

① 马克思.黑格尔法哲学批判 [M].中共中央马克思恩格斯列宁斯大林著作编译局，译.北京：人民出版社，1962：17.

② 中共中央马克思恩格斯列宁斯大林著作编译局.马克思恩格斯选集：第 2 卷 [M].北京：人民出版社，1995：12.

③ 列宁.列宁全集：第 6 卷 [M].中共中央马克思恩格斯列宁斯大林著作编译局，译.北京：人民出版社，1959：205.

目标、核心价值观等，在此基础上进一步明确需要重点传授的社会主义理论知识和基本原则。

2. 实施教育活动

在实施教育活动时，需要保证活动的系统性和连贯性，确保员工可以全面、深入地理解和掌握理论教育的内容。此外，还需要建立反馈机制，对教育活动的效果进行评估和反馈，以便及时调整教育策略。

3. 结合实际应用

理论教育的目的不仅是让员工掌握理论知识，还要让他们将理论应用到实际工作中去。因此，教育活动应结合企业的实际情况和员工的工作需求，引导员工运用理论知识解决实际问题。

4. 长期坚持

理论教育不是一次性的活动，而是需要长期坚持的过程。企业需要定期进行理论教育，更新教育内容，以适应企业发展和社会变化的需要。

国有企业应对理论教育方式进行科学的探索，找出员工容易接受的教育方式。在人类社会交往中，接受是最普遍、最常见的现象。在广义层面，接受表示接收、认可和吸纳，代表人们对一定文化、思想、信息的择取、理解、运用与整合。国有企业在理论教育过程中，应秉承因人制宜、因地制宜的原则。国有企业应对受教育员工的接受规律进行挖掘与总结，充分了解员工的接受特点、接受阈限、接受方式，从而从不同行业、类别、层次出发，为受教育员工制定适当的学习目标、学习方式、学习步骤与学习要求，以此提高理论教育效果。此外，在理论教育过程中，国有企业应注意结合灵活多样的教育指导方式，多运用员工容易接受的语言、容易理解的生动事例与乐于接受的教育方式，通过员工参与、思想疏导、民主讨论等多种方法，向员工提供生动形象、情景交融的理论教育，引起员工的共鸣。

（五）社会实践法

社会实践法是指引导和组织人们在参加社会实践活动中接受教育、

提高思想觉悟的教育方法。在国有企业思想政治教育工作中，教育工作者与接受教育的广大员工将社会实践作为形成和完善良好思想道德品质的根本途径。从整体层面上看，社会实践有多种形式，包括社会服务、劳动教育以及社会考察等。社会服务指人们充分利用自身掌握的知识技能和拥有的体力、智力帮助人们解决困难的活动，其包含科技服务、咨询服务、生活服务、信息服务等多种类型。劳动教育指人们在劳动的过程中向他人（受教育者）传输正确的劳动观念，使受教育者形成热爱劳动的思想情感和良好的劳动习惯的教育。社会考察指通过对社会的研究与认识，帮助受教育者加强对社会的认识和提高分析社会问题能力的方法。社会考察可用在多个领域，能够帮助受教育者对社会实际有更加深入的了解和接触，从而能够贯彻理论与实际相联系的原则，对社会现象与社会问题进行正确的分析和认识。

社会实践不仅有利于人们实现社会化，而且对人们认识能力与思想觉悟的提高有积极意义，对人们根据客观世界的变化改造主观世界也有重要作用。首先，参与社会实践有助于人们思想的形成。人的思想代表人对社会环境及其中存在的客观事物的看法，如果人有正确的思想，说明人对社会环境及其中存在的客观事物有正确的看法。人接触客观事实是人产生思想的前提，社会实践能够为人接触客观事物与社会环境提供恰当的机会。其次，在人的思想发展过程中，社会实践能提供动力。社会实践是不断发展和变化的，这一特征可以从两个方面体现出来：一方面，社会实践的课题会不断更新，对人们之前的思想进行冲击，推动人们探索更新的事物、塑造更新的思想、总结更新的理论；另一方面，在社会实践不断发展的过程中，人们会获得新的认识工具、经验材料和实验条件，这些工具、材料、条件会帮助人们形成更高的认识能力，有效发展人们的思想。最后，社会实践为人们形成和发展良好的思想品德奠定了基础。人们形成于头脑中的各种观念、看法是否具有真理性、是否正确，无法通过人们自身对客观事物的认知和社会生活的经验得到准确的判断，需要依靠社会实践来检验。国有企业员工通过思想政治教育获得的理论知识，同样需要员工积极参与社会实践来印证，从而内化成自身的认识。员工的思想、品德、情感、意志、信念等，同样需要通过践行思想道德规范的方式形成并不断完善和强化。

积极开展和参与社会实践有助于达到良好的思想政治教育工作效果。首先，国有企业应运用科学的方法与正确的理论为社会实践提供可靠指导。在面对同一客观过程或同一客观对象时，不同的人会产生或快或慢的反应、形成或片面或全面的看法、得到或深入或浅显的认识。这要求国有企业员工在社会实践中，要将辩证唯物主义理论作为科学指导，对问题进行全面、客观的分析与研究，通过整理、加工的方式去伪存真、去粗取精，以由此及彼、由表及里地认识问题，将认识层次从感性认识上升到理性认识，得出兼具理论思考与事实依据的正确结论。其次，国有企业应注意思想政治教育工作的针对性，从整体上增强思想政治教育对员工的吸引力，对员工的特点、层次、兴趣爱好等进行分析归纳，为其提供多个层次、多种样式、丰富且有价值的社会实践活动。例如，可以向国有企业思想政治教育工作者、干部提供一定的社会考察机会，使其通过亲身参与社会实践，亲自体会具体、真实的社会生活，对社会现实情况有充分、详细的了解，从而使其在实际工作中更好地联系实际，以科学的思想观点与思维方式开展思想政治教育工作，结合教育目标选择科学合理的教育内容与社会实践方式，从而有效提高思想政治教育工作效果。不同的社会实践活动内容与方式，可以产生不同的教育效果。例如，社会考察、社会调查等可以使员工对国情形成更丰富的感性认知，从而能够更深入、更充分地了解形势政策，接受相关教育。最后，国有企业应避免形式主义出现，确保社会实践活动的持续开展和有效进行。社会实践活动的开展以坚持为贵，以实效为重。国有企业开展思想政治教育工作应以不同时期人民群众的实际需要与党提出的工作要求为依据，因地制宜、因人制宜地构建完善的工作机制，并积极开展各种社会实践活动，保障思想政治教育工作健康、有效地进行。在社会实践活动的目的制定与形式选择上，应从实际出发，最终落实到实际效果上，不能只追求花里胡哨的表面形式。国有企业只有真正做好这一点，才能吸引广大员工积极参与社会实践，为思想政治教育工作保持长久生命力提供有效载体和可靠保障。

第四节　新时代国有企业做好思想政治教育工作的意义

一、国有企业做好思想政治教育工作有利于其发展与改革

国有企业应将自身的整体经营治理与思想政治教育工作相融合，共同为企业治理提供动力。这要求国有企业站在自身生存与发展的战略高度上，在自身经营治理的范畴之内融入思想政治教育工作，利用思想政治教育工作的作用确保企业生存发展的方向正确、方式合理和形式健康。为此，国有企业思想政治教育工作者必须将效益作为工作重心，立足企业发展与改革的大局，将思想政治教育工作深入渗透到国有企业的生存与发展中，对其生产经营活动与改革发展的各个环节产生深刻影响，从思想层面为国有企业的发展与改革提供有力保障。

二、国有企业做好思想政治教育工作有利于企业提高核心竞争力

企业持续创新的能力就是企业的核心竞争力，核心竞争力包括提高工艺水平的能力、持续发明专有技术的能力、吸纳先进技术的能力、提高企业知名度的能力、适应和拓展市场的能力等。企业核心竞争力以创新为精髓，提升企业持续创新的能力有助于提升企业在经济市场中的核心竞争力，从而帮助企业立足不败之地。因此，国有企业应切实加强思想政治教育工作，提高员工整体素质，充分发挥员工的创新能力，以此有效提高企业的核心竞争力，为企业的生产经营奠定稳固的思想文化基础和提供源源不断的动力。

三、国有企业做好思想政治教育工作有利于塑造企业文化和企业精神

企业精神是指企业员工在长期经营中，在正确价值观念体系支配和影响下，逐步形成、发展起来的现代意识和企业个性相结合的一种群体意识。企业精神是一种具有激励、驱动和导向作用的强大的精神力量。随着世界经济、文化、科技一体化发展趋势的日益增强，企业文化已成为企业形象、企业品牌的观念形态，它作为重要的无形资产，能为企业的生存发展提供重要的精神动力。国有企业开展思想政治教育工作是企业文化建设的重要要求，有助于塑造积极健康的企业文化。企业以企业文化的实质为核心理念和核心价值观，企业文化对企业的经营方向与发展目标具有决定性作用，同时为员工树立正确的人生观与价值观奠定基础。

国有企业开展思想政治教育工作可以为企业塑造核心价值观念提供必要元素。思想政治教育工作是马克思主义教育科学的实践，它以引导员工树立正确的世界观、人生观与价值观为根本目标。人们在观察和处理问题时，总会以自身的"三观"为基础依据，"三观"总是在人们经意或不经意间深度影响着他们的思想、行为、生活和工作。从企业生存发展的角度来看，通过开展思想政治教育工作，向员工灌输历史唯物主义与辩证唯物主义的世界观，有利于员工树立努力拼搏、积极奉献、服务企业、发展企业的观念，形成个人利益服从集体利益的价值观。在当下社会主义市场经济快速发展的新形势下，企业增强对员工的"三观"教育具有重要意义。为此，国有企业可通过宣传教育增强员工对企业文化的认同感，促进企业员工形成积极健康的"三观"，同时促进企业核心价值观念的形成，促进企业文化发展，为企业的健康营运与持久发展提供可靠保障。

第四章 "内筑基、外塑形"——夯实国有企业思想政治教育工作基础

第一节　高质量党建为国有企业强"根"铸"魂"

一、强化组织建设，夯实国企发展党建地基

无论国有企业有怎样的规模，都离不开党的领导。国有企业应将党的基层组织建设工作深入渗透到自身的发展改革中，树立抓好党建工作的责任意识，重视并加强党的组织建设工作，严密党的组织体系，增强党组织的组织力与政治功能，将思想政治教育工作与精神培育、文化建设、人力资源开发、生产经营等工作有机结合起来，加快将党员要求、中心工作与群众关切融入党组织活动中，扩大党组织工作的覆盖范围，在国有企业基层终端末梢落实党的全面领导，避免边缘化、淡化、弱化、虚化的问题出现。国有企业应将党组织建设工作与企业生产经营相结合，将实现国有资产保值增值、增强企业竞争实力、提升企业效益作为企业党组织工作的出发点与落脚点，构建与企业发展模式相匹配、企业发展战略相一致、企业经营方式相协调的党建工作机制，打造"红色引擎"来优化企业管理流程、推动企业管理技术革新、实现企业管理效率有效提升。反过来，通过企业的发展改革成果对党组织的工作成效进行检验，将党建工作的"软实力"发展成为企业生产经营、持续发展的"硬支撑"。

二、强化队伍建设，注入国企发展党建活水

国有企业的思想政治教育工作，应坚持党管干部原则，与当今市场竞争需要和现代企业制度建设与完善的要求相适应，建立人事相宜、任

人唯贤、以德为先的选拔任用体系，完善带动担当、崇尚实干的正向激励体系，组建"对党忠诚、勇于创新、治企有方、兴企有为、清正廉洁"的高水平、高素质企业领导人员队伍，并为其建功立业创造条件、搭建平台，强化领导人员队伍建设，从整体上提高领导人员队伍的政治领导力、战略决断力、风险驾驭力、市场洞察力、群众组织力和改革攻坚力。同时，强化对以"一把手"为主导的重要人员、关键岗位的监督管理，管理工作应注意对这些人员的社交圈管理与工作圈管理的衔接和他们工作时间内和工作时间外的管理的贯通，要做到早发现、早改正、防微杜渐，促进国有企业领导人员队伍健康发展，以此为国有企业的生产经营、发展改革提供保障。

国有企业思想政治教育工作应注意培养和壮大红色力量，注重在青年职工与生产经营一线职工中挖掘良才，发展党员，扎实推进党员责任区、党员先锋岗、党员示范行动、党员标杆班组，引导广大党员努力工作，在工作中积极打头阵、当先锋，在攻坚重大工程项目的过程中勇当尖刀、勇挑重担，在企业的生产经营一线积极做贡献、努力创佳绩。同时，凝聚优秀党员，组建起一支高水平、高素质、敢于负责，能勇敢面对风险考验、克服各种困难，在企业发展改革中发挥模范先锋作用的党员队伍。

三、强化制度建设，扎深国企发展党建根系

国有企业及其开展的思想政治教育工作，都要坚持党的全面领导不动摇，坚持中国特色社会主义制度，构建并完善中国特色现代国有企业制度，将党组织的运行机制、职责权限、基础保障和机构设置写入公司章程；依据"双向进入、交叉任职"的原则开展国有企业的各项工作；国有企业经营过程中对重大问题的决策应以党组织研究讨论为前置程序；选拔一人同时担任国有企业董事长和党委（党组）书记，在公司治理结构中保证党组织的话语权与工作空间，形成国有企业发展方向、经营大局由党组织把控，国有企业的生产发展、思想政治教育工作在党的监督管理下落实，董事会、经理层、监事会各司其职的国有企业法人治理结

构。国有企业应建立健全党建工作考核评价体系，坚持述职述党建、考核考党建、问责问党建，科学设置考核评价指标，制定合理的考核评价程序，以丰富的考核评价形式与行之有效的考核评价方法，对企业领导的经营业绩进行考核评价。需要注意的是，考核评价工作应结合国有企业领导班子评价、评先评优、薪酬设置、干部任免等工作进行，同时保证考核过程的科学性、系统性、权威性，将党的领导、监督、治理责任贯彻到国有企业党建工作与建设发展的方方面面，推动国有企业党建工作从"做"到"做到"，最终实现"高质量做好"。

加强党的建设，是国有企业的"根"和"魂"，是我国国有企业的光荣传统和独特优势。树高千丈系于根深，潮头屹立系于魂聚，要抓住国有企业党建的"牛鼻子"，坚持党的建设与企业改革同步谋划，党的组织与企业架构同步设置，党的工作和企业经营同步推进，管干部聚人才、建班子带队伍、抓基层打基础、强监督正风气，把党的政治优势、组织优势和群众工作优势转化为企业的竞争优势、创新优势和科学发展优势，实现加强党的领导和完善公司治理相统一，不断推动国有企业做强做优做大，坚决当好中国特色社会主义经济"顶梁柱"。

第二节 丰富内容建设，加强思想政治教育工作形式创新

一、内容建设

（一）立足企业文化，注重价值观教育

在企业生产经营与建设发展过程中，企业文化充当着精神支柱的角色，企业价值观则是企业文化的核心内容，这两项内容都对员工的价值

取向、思想觉悟以及行为习惯产生深刻影响。国有企业应以其自身的特点与实际情况为依据，注重宣传企业价值观。企业价值观不仅是企业文化的基石，而且为员工提供了行为准则与精神寄托。国有企业应在企业文化建设的所有环节中融入企业价值观教育，通过教育培训、内部宣传等多种形式，将企业的价值观灌输给企业员工，以此强化企业员工的责任感与使命感。

此外，国有企业还应以员工的生产工作实际与需求为基础，对员工进行技能培训与业务知识教育，使全体员工的综合素质与专业能力得到提高，为企业的可持续发展和高质量发展奠定坚实基础。与此同时，国有企业应对员工的生理、心理健康予以关注，可通过开展健康讲座等活动，提高员工的健康意识和生活质量，同时营造积极向上、健康的企业文化。

（二）开展业务知识教育，提高员工综合素质

提升企业普通员工对业务知识与技能的扎实程度，可以为企业的可持续发展和高效运转提供重要保障，同时能在一定程度上提高员工自身的竞争力与价值。国有企业应从以下四方面着手，开展业务知识教育，提高员工的综合素质：

1. 制订健全、科学的培训计划

国有企业应结合具体的岗位特点与员工实际需求，制订健全、科学的培训计划，从职业素养、管理技能、业务知识等内容着手，向员工提供有针对性的、丰富的培训活动。

2. 组织开展教育活动

国有企业应积极开展内部业务知识交流活动、技能评比活动等，并邀请国内外专家学者开展讲座，引导员工进一步了解行业发展动态和前沿业务知识，从广度与深度两个层面开阔员工思维。

3. 搭建在线学习平台

国有企业应充分利用现代化的信息技术手段，搭建在线学习平台，

向员工提供各类在线学习课程，向员工提供在工作之余随时随地学习专业知识、提升专业素养的机会，同时鼓励员工进行灵活、高效率的学习。

4.建立内部专家库

国有企业可在企业内部搭建专家库，为企业内部的骨干员工提供与专家交流沟通的机会，通过专家的专业指导，提高员工的业务水平和工作能力。

（三）引导员工积极参与社会公益活动

国有企业可通过积极参与社会各种公益活动承担社会责任，同时培养员工的公益意识和社会责任。国有企业可以从以下四个方面引导员工积极参与社会公益活动：

1.建立公益基金会

国有企业可独立或联系其他社会组织机构建立公益基金会，用于资助弱势群体、扶持公益事业等，以此充分体现国有企业的影响力和社会责任感，同时树立积极良好的企业形象。

2.推行志愿服务制度

国有企业可以推行志愿服务制度，鼓励员工利用休闲时间参与社会公益活动，提高员工的社会责任感和服务意识。

3.组织公益活动

国有企业可通过组织开展各类公益活动，如扶贫、救灾、植树、助残等，使员工深入社区，对社会有更全面、更深入的了解，以此提高员工的公益意识与社会责任感。

4.开展公益讲座和宣传活动

国有企业可以开展公益讲座和宣传活动，让员工了解公益知识和公益文化，提高员工的公益意识和认识。

二、形式创新

（一）引入现代化技术手段，提升思想教育的效果

1. 利用互联网平台，开展在线学习

国有企业可以建立自己的在线学习平台，通过网络课程、网络直播等形式，为员工提供丰富的学习资源。同时，国有企业也可以通过网络平台建立学习社区，让员工之间可以互相交流、分享学习心得和经验。

2. 引入虚拟现实技术，增强思想教育的实效性

国有企业可以利用虚拟现实技术，模拟各种实际情况，让员工可以身临其境地体验和学习。例如，在培训管理方面，国有企业可以利用虚拟现实技术模拟企业管理中的各种情况，让员工在虚拟的情境中进行实践和演练，从而更好地掌握管理技能。

3. 利用人工智能技术，定制个性化的思想教育方案

国有企业可以通过人工智能技术，分析员工的学习情况和学习习惯，为员工定制个性化的学习方案。这样不仅可以提高员工的学习效果，还可以减轻企业的教育负担。

（二）建立多元化的思想教育体系，满足不同员工的需求

1. 推行"一岗一能力"培训模式

针对不同的职业需求，国有企业可以制定不同的思想教育方案，为员工提供个性化的培训服务。例如，对于管理人员，可以开设领导力、团队管理等课程；对于技术人员，可以开设技能培训、技术创新等课程。

2. 开展"课堂＋实践"相结合的教育培训

国有企业可以将理论教育和实践教育相结合，通过案例分析、现场观摩、实践演练等形式，让员工可以更好地学习、掌握知识和技能。

3. 利用外部资源，开展多样化的思想教育活动

国有企业可以与其他企业、机构、学校等合作，共同开展各种形式

的思想教育活动。例如，国有企业可以与大学合作开设职业技能培训课程，或者与其他企业合作开展管理交流活动等。

（三）建立导师制度，促进员工成长和发展

1. 建立企业导师团队

国有企业可以从企业内部或者外部选拔一些资深管理人员或专业人士作为导师，为员工提供指导和支持。而导师可以通过个人经验和实践案例，帮助员工更好地了解企业文化和行业特点。

2. 推进"导师＋学员"模式的实践

国有企业可以将导师与学员进行匹配，让导师和学员之间进行更深入的交流和互动。通过这种方式，导师可以更好地了解学员的需求和问题，为其提供更好的帮助和支持。

3. 开展导师培训活动

为了提高导师的素质和能力，国有企业可以定期开展导师培训活动，让导师掌握更多的教育技能和方法，从而更好地开展教育工作。

（四）营造良好的学习氛围，激发员工的学习兴趣和热情

1. 建立学习型企业文化

国有企业可以将学习作为企业的一种文化，倡导员工自主学习、不断学习。此外，国有企业还可以通过各种方式表彰员工，以激发员工的学习热情和积极性。

2. 推动知识共享

国有企业可以建立知识管理体系，将员工的知识和经验进行整理和归档，并与其他员工共享。这样，不仅可以让员工学习到更多的知识和经验，还可以促进企业内部的沟通和交流。

3. 建立学习小组

国有企业可以将员工分成若干个小组，每个小组负责研究和学习一个课题。通过小组学习的方式，不仅可以促进员工之间的交流和合作，

还可以让员工更加深入地了解企业内部的各种业务和流程。

4.开展员工培训和技能竞赛

国有企业可以定期开展员工培训和技能竞赛，让员工在比赛中展示自己的技能和水平，促进员工之间的竞争和交流，激发员工的学习兴趣和热情。

第三节　完善关爱机制，创造思想政治教育工作良好环境

一、员工关爱的价值渊源

员工关爱指企业应给予员工充分的人文关怀，包括关心员工的身心健康、职业发展以及解决员工在生活与工作中遇到的问题。这要求国有企业的思想政治教育工作富有人情味，具有浓厚的人文精神，做到关心人、尊重人、爱护人、理解人，重视员工在企业生产经营活动中的重要作用，将员工作为一切理论的主体和实践的目标，促进员工全面、自由发展。

马克思主义哲学强调人文关怀，强调突出人文精神。马克思主义哲学中关于人的全面发展学说强调了人的主观特性与主体地位，认为每个人都是发展的、生动活泼的人，强调了社会关系的全面发展，人的能力的自由、充分发展，人的个性的充分发展，要求对人格与人性给予充分尊重，满足人成长发展的各项要求。教育的目的在于人，教育的重点也是人，只有将具体的、现实的人作为开展思想政治教育工作的出发点，承认每个员工的不同，在尊重员工个性特点的前提下，对其因材施教，为其提供具有针对性的思想政治教育，才能使每个员工都朝着社会期望的方向成长发展。从这一点来看，员工关爱是马克思主义思想政治教育的本质回归。

我国传统儒家文明也将注重人文关怀作为基本遵循。孔子主张"仁"，认为"仁"的本质为爱人。①对于如何关爱他人这一问题，孔子的推己及人思想给出了答案："己所不欲，勿施于人""己欲立而立人，己欲达而达人"。由此可见，通过仁爱观念，使每个人（员工）都能感到他人（国有企业）给予的温暖与热情，形成积极向上、顽强拼搏的人格品质，形成服务和帮助他人的自觉意识、奋发向前的精神动力与包容豁达的身心境界，就是人文关怀的基本价值取向。

二、员工关爱在国有企业思想政治教育工作中的作用

思想政治教育工作的核心是关注人的品行和人格完善。为应对过去忽视人的存在、价值、需求以及思考的问题，国有企业需要在思想政治教育工作中融入人文关怀，并采用以人为本的工作方法。当前社会和人的发展状况表明，这种方法在思想政治教育中具有重要意义。

（一）良性的员工关爱能起到隐性教育作用

在国有企业思想政治教育工作中，良性的员工关爱具有隐性教育作用。通过关爱员工，企业可以向员工传递正确的世界观、人生观与价值观，以及企业文化和企业精神，从而使员工树立正确的道德观念和行为准则。员工在感受到关爱的同时，会逐渐认同企业的价值观念，更加主动地投身于企业的发展。

良性的员工关爱能够使员工明白企业对他们的关心和重视，进而激发员工的积极性、主动性和创造性。这种关爱可以体现在员工的工作环境、待遇、培训、晋升、福利等方面。通过关注员工的成长和发展，培养员工的归属感和荣誉感，从而使员工更加自觉地遵循企业的规章制度和要求。此外，其还会潜移默化地影响员工的思想观念，使他们在日常工作和生活中自觉地践行社会主义核心价值观。

---

① 孔子.论语 [M].杨伯峻，杨逢彬，注译.杨柳岸，导读.长沙：岳麓书社，2018：43.

（二）良性的员工关爱能起到调适员工心理状态的作用

强化员工心理适应能力对于企业和员工个人的和谐发展都非常重要。员工面临各种压力，良性的员工关爱可以使员工有效应对这些压力，使员工有一个良好的心理状态。国有企业可以通过心理健康教育、讲座等方式解决员工的心理问题，使员工学会调适自己的情绪，提高心理适应能力。同时，国有企业也应关注员工的生活状况，协助员工解决实际困难，减轻心理负担。此外，关注员工的职业发展也是比较重要的，国有企业应为员工提供培训和发展机会，使员工能够不断成长，提升自信心，适应职场变化。组织各种文体活动可以促进员工交流和合作，让员工在轻松的氛围中调整心态，从而更好地投入工作。综上，良性的员工关爱可以对员工的心理状态起到很好的调适作用。

（三）良性的员工关爱可以更好地把人本理念落到实处

人的内在本质，无一不希望得到他人及组织的关怀。在国有企业思想政治教育工作中，良性的员工关爱有助于更好地实践人本理念。人本理念强调尊重和关注员工，把员工的需求和发展放在企业管理的核心位置。通过良性的员工关爱，国有企业会关注员工的需求，为员工创造良好的工作和生活条件，促进员工的全面发展。实践人本理念需要国有企业在招聘、培训、考核、激励等方面充分体现对员工的关爱。例如，在招聘过程中，国有企业应当公平、公正地选拔员工；在培训过程中，国有企业应当针对员工的需求和特点，提供个性化的培训方案，帮助员工提升自己的能力；在考核过程中，国有企业应当建立科学、合理的考核制度，确保员工的努力得到公正的评价和回报；在激励过程中，国有企业应当采取多种激励手段，关注员工的个性需求，以提高员工的工作满意度和幸福感。

（四）良性的员工关爱可以拉近思想政治教育工作人员与员工的心理距离

在国有企业的思想政治教育工作中，良好的员工关怀是促进思想政治教育工作人员与员工之间建立密切联系的重要方式。思想政治教育工作人员可通过关心员工的工作和生活，更加全面地了解员工的需求和期望，进而让思想政治教育更加贴近员工的实际情况，提高教育的针对性和实效性。思想政治教育工作人员可以通过参与员工的日常工作和生活，与员工建立起良好的人际关系，消除双方之间的心理隔阂，让员工感受到企业的关怀和思想政治教育工作人员的真诚。这样，思想政治教育工作人员能够真正成为员工的朋友，引导员工走向正确的发展方向，解决员工在生活和工作中遇到的困难，提高员工的工作积极性和创造力。在员工关怀方面，思想政治教育工作人员应注重倾听员工的意见和建议，与员工进行充分的交流和沟通，了解员工的心声，同时应该向员工传递企业的发展目标，让员工明确企业的发展方向，认同企业的文化理念，增强员工的归属感和责任感。此外，思想政治教育工作人员还可以通过组织员工活动和培训，增加员工之间的沟通和交流，帮助员工增强技能和能力，提高员工的职业素养。

（五）良性的员工关爱可以避免思想政治教育工作的空泛化

随着信息技术的飞速发展，员工与外界交流的途径越来越广泛。通过互联网，员工可以与世界各地的人进行实时交流，获取丰富的信息和知识。这种情况决定了思想政治教育工作不能再像过去那样，简单地给员工灌输一些理论知识，而是要结合员工的实际需求，提供具体的服务和帮助。良性的员工关爱能够为员工提供实实在在的服务，帮助他们解决实际问题，增强自我素质，提高工作效率。国有企业可以组织专业的培训和学习活动，为员工提供实用的知识和技能，使员工能够不断提高自身素质，适应市场竞争的需要。国有企业可以建立自学课程库，让员工自由选择学习的课程和方向，提高员工的学习积极性和自主性。而且，当员工在工作和生活中遇到困难时，国有企业应该提供必要的帮助和支持。国有企业可以建立专业的咨询团队，为员工提供有针对性的咨询服务，解决员工的实际问题。此外，国有企业还可以开设员工问答平台，让员工能够随时提出问题，并得到及时的解答。通过实施人文关怀，国有企业可以使思想政治教育更贴近员工的生活和实际需求，从而提高教育的实效性和针对性。

综上所述，通过人文关怀进行思想政治教育工作，能在干部和员工之间营造互相关心、互相理解的氛围。在这样的氛围中，员工更容易接受引导，思想沟通变得更加顺畅，矛盾和问题也能得到更好的化解。

三、构建员工关爱体系的基本理念

（一）创建个性化的员工关爱方案

1.新员工

对于工龄不足一年的新员工来说，他们面临诸多挑战，如适应新环境、融入团队。在新环境中，他们需要重新适应工作内容、工作规律、工作氛围以及与同事之间的相处方式，这些挑战往往给新员工带来不小的心理压力。新员工在刚刚加入企业时往往会感到陌生和孤立，因此需要通过一定的帮助和支持来增强其对企业的归属感和认同感。

（1）角色转换。应届毕业生需要完成从学生到员工的角色转换。国有企业应指派经验丰富、业绩突出且能与年轻员工沟通的员工来协助他们，最好是拥有较短工龄的优秀毕业生。

（2）文化融合。已有工作经验的新员工需要了解企业文化。国有企业应指派工龄较长、了解企业文化且贡献较大的员工来协助他们。对于来自并购企业的新员工，重点是进行全面的文化融合，使他们尽快对企业的核心价值观以及文化理念产生认同感。

（3）结对子。为每位新员工分配一名工作职责相近、认真负责的资深员工作为师傅，以便随时提供必要的协助和指导。同时，成为师傅也是企业对优秀员工的认可，企业应给予适当的奖励。

（4）生活关怀。国有企业还需要在生活方面关爱新员工，如关心其食宿、交通情况等，协助新员工逐渐适应新生活，让他们真切感受到企业的关爱，并愿意加入企业这个大家庭。

2.长期外出及外派人员

这类人员包括常年外出执行任务的业务员和长期外派的管理者等。这些人员面临的主要挑战在于，由于职业特性的限制，他们不能经常回家与家人团聚，承受着较大的家庭压力。这可能对他们的工作积极性造成影响，并增加人才流失的风险。对此，国有企业应注重以下三点：

（1）关注员工的工作和生活。长时间离家的人员在工作和生活上可能会遇到各种问题和困难，对此，企业要提供支持。例如，建议主管每月与员工进行一次沟通，了解他们的需求和困境，以提高员工的忠诚度。

（2）关注员工的家庭需求。由于长期外出和外派的员工不能经常回家照顾家人，因此企业应在关键时刻关注他们的家庭需求。企业可以根据调查数据，在员工家人的生日和特殊节日向他们表示关心。此外，企业还可以尽力协助员工解决家庭方面的问题，如子女入学、老人看病等，以帮助员工稳定家庭关系并使其感受到企业的关心。

（3）持续关照。企业应保持对这些员工的持续关照，如定期进行三必访、节日问候等活动。通过这些举措，员工始终能够感受到企业的关爱，从而增强他们对企业的感情和忠诚度。

3.核心人才

核心人才是指对企业发展产生显著影响并在某方面具有不可替代性的员工。国有企业要尽可能提升核心人才对企业的忠诚度及其自身的成就感，确保他们的价值得到充分体现，以实现员工和企业共同成长与发展。

（1）关注员工的工作需求。国有企业可建议企业领导每月要与核心员工进行一次沟通，了解他们的工作状况和存在的问题，让工感受到企业的关心和支持，从而提高忠诚度。

（2）关注员工的健康状况。核心人才往往工作压力较大，可能会忽略自身健康。企业领导和人力资源部门可以组织定期体检、体育活动等，关注员工的身体健康。

4.普通员工

普通员工是指不具有管理职能、不属于高管团队、不是专业技术人员的员工，通常从事普通劳动岗位，只需完成公司的基本工作任务，具有固定的、相对稳定的薪资收入，但并不具备决策权和领导权。国有企业对员工关怀的重点是通过活动增强其团队凝聚力、企业归属感，激发他们在岗位上不断提升绩效，提高专业水平。

为了让普通员工感受到企业的关心，国有企业可以组织团队建设活动、专业培训等。这样，员工在参与活动的过程中，不仅可以增强团队凝聚力，还能提高自己的专业技能和业务水平，为企业做出更大贡献。

（二）建立员工关爱体系的重点

要想实现对员工的人文关怀，国有企业要做到以下五点：

第一，关注员工职业发展。国有企业可创造能够实现个人价值的职业环境，提供成长和发展机会，让员工充分发挥才能。

第二，重视员工薪酬福利。国有企业要关注员工的薪资、补贴和其他福利收入变动，科学、合理地确定工作报酬，努力为员工改善福利待遇。

第三，关心员工身心健康。国有企业可建立员工健康档案，为员工定期体检，监测员工的健康状况。同时，为员工提供健康饮食计划，并引导员工关注自身健康。

第四，关注员工家庭生活。国有企业可帮助员工解决实际困难，成为员工的贴心人。国有企业可设立"五必访"制度，即员工家庭出现特殊困难、重大矛盾、意外灾祸、生病住院以及直系亲属病故等情况时必访。

第五，通过小措施关爱员工。国有企业可为员工庆祝生日，送上小礼物或卡片；关心和帮助员工处理家庭事务；为员工编制治安防范手册；新年时为员工送上礼物；由上级领导每年给员工送上一张小卡片，写明员工的优点和不足等。采取这些小措施的目的就是表达企业对员工的关爱及重视。

四、建立员工关爱体系的心理站位

（一）平等对待员工，视彼此为平等的工作伙伴

每位员工都是团队的重要成员。在国有企业的生产和发展过程中，员工如同一台大型机器上的零部件，他们的付出是国有企业生存和发展的关键因素。

如今，员工的观念不断更新，民主意识日益增强，他们渴望与领导处于平等的地位。员工希望得到领导的关心，与领导建立友谊，反对那种居高临下的训导式作风。职位差异在工作中是不可避免的，高层职位容易受到关注，而底层职位往往容易被忽视。正因为这种差异，国有企业领导必须避免在员工面前表现出优越感，不要产生等级观念。关爱员工就是要尊重员工，将自己与员工视为平等伙伴。国有企业领导要经常与员工进行开放式沟通，在良好的情感交流氛围中，让团队的每位成员都能感受到自己在企业中的重要地位。

（二）关爱员工，将他们当成朋友来对待

关心员工的前提是了解他们。要真正了解员工，就需要像交朋友一样去亲近他们。国有企业的思想政治教育主要针对员工，只有了解员工的基本情况，才能让思想政治教育具有针对性。在日常工作中，掌握员工的基本情况并非易事，员工的基本情况受到社会、家庭、环境、自身利益变化等多种因素的影响，常表现出复杂多变的特点。

要深入了解员工，就需要深入员工群体中，通过谈话、查阅档案、家访、讨论工作或问题等方法接近他们，以此掌握每位员工的性格特点、个人专长、喜好和家庭状况等。对待员工要真诚，在与员工的谈话中，不应回避疑点、热点、焦点问题，避免使用空洞的大道理吓唬人，更不能以高压手段压迫他们。同时，要避免使用片面观点、过分言辞以及冷漠话语。企业领导在与员工交流时，可以将自己的感情投入其中，让员工感受到自己的人情味、人文关怀。

（三）关爱员工，需在思想工作中多使用肯定和赞赏的言辞

在工作中，领导与员工之间会发生观点出现分歧等情况，这是因为每个人的知识背景、地位和对事物的认识各不相同。在这种情况下，如果领导过于强调自己的观点并以严厉的语气表达，可能会伤害到员工的自尊心，导致交流效果不佳，甚至失败。因此，在交流过程中，采用柔和的方式往往比硬碰硬更有效。国有企业领导在与员工沟通时，用词要谦和委婉，尽量避免反驳。在评价他人时，多使用赞赏的言辞，避免对员工造成伤害。针对不同的人，可采用不同的方法去对待。例如，在与工作经验丰富的员工交流时，可以采用探讨的方式，听取对方的意见和建议，并结合自己的观点进行讨论，从而达到相互理解和共同进步的效果；在与新员工交流时，可以采用引导的方式，给予更多的帮助和指导，帮助他们更好地适应和融入新的工作环境。总之，采用柔和的方式去沟通交流，既可以维护良好的人际关系，也可以提高工作效率和达成共识的概率。

（四）关爱员工，需坚持"发展是硬道理"的工作理念

企业持续健康发展是关爱员工重要的前提条件。只有企业能够做到良好发展，才能真正保障员工利益，员工的福祉也能得到进一步的提升。如果企业发展停滞，员工利益将缺乏保障，关爱员工就只是一句口号。从这个意义上说，关爱员工与推动企业发展之间是相辅而行的。因此，国有企业在思想政治教育工作中，要围绕生产经营水平的提升、核心竞争力的提升以及企业活力的增强来展开，在解决企业发展难题和完成经营目标上取得实效。在将关爱员工和推动企业发展联系的基础上开展思想政治教育工作，对于提升员工工作动力、激发员工创新热情具有重要意义。

五、打造优良的人文关怀外部环境

（一）构建有力的制度保障环境

为了使思想政治教育工作中的人文关怀更加制度化，需要构建有力

的制度保障环境。通过制定合理、规范的制度，确保人文关怀得以长期、有效的实施，避免仅停留在表面或形式上。虽然制度并非目的本身，但作为手段的制度必须具有明确的价值导向，即奖励勤奋、惩罚懒惰，表彰善行、抑制恶行。此外，制度还应有效调控员工的不规范思想和行为，为人文关怀提供有章可循的规则和依据，推动思想政治教育工作中人文关怀的持续推进。例如，国有企业可以建立完善的员工心态监测和预警机制，对员工情感、共识、价值观进行实时追踪研究，把握员工心态这一风向标和晴雨表，及时发现可能产生广泛影响的不良心态和负面情绪。同时，构建健全的利益表达机制，让员工的利益诉求有通畅的表达渠道，确保企业每位成员的想法和需求得到及时反馈。

（二）构建积极向上的文化环境

企业文化建设是企业持续发展的重要保证，而积极向上的文化环境是企业文化建设的基础。这个文化环境是企业员工共同形成的，它凝聚着一定的社会和时代精神风貌，能够对员工的思想、工作和生活产生深远影响。

为了构建积极向上的文化环境，国有企业需要以培养新型员工为着眼点。在现代社会，新型员工需要具备高素质、创新意识和社会责任感，他们是企业发展的生力军。因此，国有企业需要将社会主义核心价值观融入企业发展的各方面，使之成为员工情感认同和行为习惯的基础。这样，员工就能更好地担当起企业发展的责任，为企业的成功做出更大的贡献。同时，国有企业也要挖掘中华优秀传统文化的思想观念、人文精神和道德规范。中华优秀传统文化是中华民族几千年文明的结晶，是宝贵的精神财富。通过对中华优秀传统文化的深入挖掘和研究，国有企业可以让这些思想观念、人文精神和道德规范在企业员工中展现永久魅力和时代风采。这不仅有助于提升员工的文化素质和道德修养，还有助于塑造企业的良好形象。

（三）构建广泛有效的传播环境

在信息时代，媒介的使用已经成为企业文化建设不可或缺的一部分。为了让人文关怀得以广泛传播和有效落实，国有企业需要通过广播、报纸、宣传栏等媒介进行信息的传递，这些媒介因此成为人文关怀宣传的重要载体。这些媒介提供了一个平台，让企业能够通过生动有趣的方式，让员工更容易理解和接受。宣传内容应具有生动性和典型性，贴近员工的生活，从而使员工能够更容易地将所学的知识和技能应用到实践中去。除了传统媒介，自媒体也必不可少。随着信息技术的快速发展，企业可以通过微博、微信公众号等自媒体平台，实现精准传播和互动交流。这样，员工可以随时随地了解企业文化建设的进展，还可以使企业文化更加具有吸引力和凝聚力。

第五章　强化人才支撑——培育合格的思想政治教育工作者

第一节　新时代思想政治教育工作者的地位与作用

一、新时代思想政治教育工作者的地位

（一）功能性地位

思想政治教育工作者作为国有企业文化建设的主要承担者和实践者，具有非常重要的功能性地位。第一，思想政治教育工作者负责制订和实施企业思想政治教育工作计划，是企业思想政治教育工作的实际推动者和执行者，对于实现企业文化建设的目标起到关键作用。第二，思想政治教育工作者是传承和弘扬企业价值观的重要力量，他们需要不断总结企业文化建设的经验教训，为企业员工营造良好的思想道德教育氛围和文化环境，促进员工的全面发展和个人成长，提高员工的道德水平和职业素养。第三，思想政治教育工作者需要承担对员工进行安全教育、法制教育等职责，确保员工的人身安全和合法权益受到保障。

（二）结构性地位

思想政治教育工作者的结构性地位指的是他们在企业组织结构中的地位。一般而言，国有企业思想政治教育工作者的地位相对较低，他们属于企业文化建设中的一级部门或者从属于人力资源部门。然而，随着国有企业思想政治教育工作的日益重要和强化，思想政治教育工作者的地位也在逐步提升。如今，越来越多的国有企业将思想政治教育工作置于战略高度，加强对思想政治教育工作的重视，同时，也在逐渐重构思想政治教育工作者的组织结构，从而提高他们在企业组织结构中的地位。

（三）历史性地位

作为新时代国有企业思想政治教育工作者，其历史性地位十分重要。在中国特色社会主义事业发展进程中，思想政治教育工作的重要性不可忽视。思想政治教育工作是一切经济工作的生命线，是工人阶级和劳动人民在整个革命和建设过程中必须进行的工作，这一观点已经成为中国共产党的重要理论基础。

随着改革开放的不断深入，国有企业也经历了不断的转型和变革，其中思想政治教育的重要性不断凸显。在市场经济的大潮中，一些企业开始追求短期利益，忽视长远发展，严重损害了企业的形象和利益。在这种情况下，国有企业的思想政治教育工作者需要更加认真负责地履行自己的职责，通过深入开展各种形式的教育，帮助员工树立正确的世界观、人生观和价值观，增强团队意识和使命感，提高企业的整体素质和竞争力。同时，历史性地位还表现在国有企业思想政治教育工作者肩负着更为重要的历史使命。当前，中国正处于全面建设社会主义现代化国家的关键时期，国有企业的发展可促进中国特色社会主义事业的发展，这时思想政治教育工作者需要不断适应时代发展的要求，推动企业思想政治教育的创新与发展，为国有企业的高质量发展做出积极的贡献。

二、新时代思想政治教育工作者的作用

（一）新时代思想政治教育工作者的导向作用

在新时代背景下，思想政治教育工作者发挥着导向作用，这要求他们基于国家与社会的发展需求，在明确个体和群体成长目标的前提下，引导和纠正员工的思想与行为，以确保员工的思想和行为与社会进步保持一致。要想实现高效的思想政治教育，是不能缺少正确的导向的。思想政治教育工作者可通过传授、启示、鼓舞等多种方式对员工的思维及行为进行引导，使其思维和行为与社会发展规律相符，遵循道德伦理标准，进而有助于员工个人全面成长，这是思想政治教育工作者的独特职责。

导向作用是思想政治教育最基本的作用，也是其教育宗旨。这一导向作用由三部分构成，即理想信念导向、奋斗目标导向以及行为活动导向。当然，导向作用的内容并不是一成不变的，而是会随着时代的改变而不断与时俱进，以适应时代的发展与进步。

1.树立正确的理想信念

导向作用的第一层内涵就是引导员工树立正确的理想信念，正确的理想信念具有引导行为、凝聚力量，使人斗志昂扬的强大功能。它既是人类精神生活不可或缺的一部分，也是人类精神生活的核心，为人类社会进步和发展提供支持。在引导企业员工的思想和行为方面，理想信念的导向作用是毋庸置疑的。员工依据自己的价值观来分析和评估事物，对与自己理想信念相一致的给予肯定，而如果与自己的理想信念背道而驰，则会持反对的态度。坚定的理想信念会使员工行为上的驱动力更加长久，而伟大的理想信念会使员工的精神力量更加强大。

理想信念的树立要经过长期的教育，短期教育是无法达成的。即便理想信念已经成型，后期也要通过不断教育与实践对其进行加强与巩固，防止受外界因素影响而发生动摇。然而，并不是说理想信念就全是对的。如果理想信念不正确，其指向的方向与价值观势必也是错误的，进而就会引发不当的行为。因此，国有企业思想政治教育工作者要发挥自身的导向作用，利用科学的教育方法引导员工培养正确的理想信念。

2012年11月17日，习近平总书记在中国共产党十八届中央政治局第一次集体学习时提出，理想信念就是共产党人精神上的"钙"[①]。要想促进社会主义现代化建设，推动中国梦的实现，就要明确奋斗目标，找准正确的奋斗方向，并不断激发奋斗力量，还要充分利用思想政治教育，帮助员工树立共产主义理想和信念。

---

① 共产党员网.习近平治国理政关键词：精神之"钙"[EB/OL].(2022-06-09)[2023-09-05].https://news.12371.cn/2016/10/11/ARTI1476134525887568.shtml?from=groupmessage.

2. 确立科学的奋斗目标

导向作用的第二层内涵是确立科学的奋斗目标，它通过结合社会发展需求以及个人成长需求对员工的奋斗方向进行引领。员工的思想意识水平在发展程度上存在一定的差异，这就导致员工形成了不同的奋斗目标。而如何对企业员工个人的奋斗目标与社会整体的发展目标进行调和，就成为国有企业思想政治教育工作者的工作内容，他们通过科学的教育方法去引导员工在个人目标实现的前提下为整个社会的更高层次的奋斗目标而努力。

思想政治教育工作者可利用多种教育方法，帮助员工准确领会党和国家的政策制度与指导方针，形成共同的思想认知，将这种认知转为社会发展的推动力，助力企业持续向前发展。当前，国有企业思想政治教育的核心任务是聚焦国家"五位一体"的总体规划，帮助员工理解和深入领悟"五大建设"的内在联系。对此，思想政治教育工作者必须遵循全面协调可持续发展原则，进而实现经济繁荣、政治稳定、社会公平、文化昌盛、生态环境美好的发展格局，不断促进中华民族伟大复兴的实现。

思想政治教育的核心要求是促进社会发展目标转化成个人奋斗目标。在这一过程中，只是一味追求"高、大、全"是不可取的，而是要基于现实情况，基于个人的性格、思想等进行目标层次的划分。此外，还需关注员工的期望，引导员工向更高层次的奋斗目标而努力，使目标追求更具前瞻性。

3. 形成良好的行为规范

导向作用的第三层内涵是形成良好的行为规范。企业员工的行为需要行为规范进行约束，行为规范是行为标准和规则的统称，也是员工参与社会活动的道德与行为准则。行为规范导向也叫道德人格导向，这一导向的指导原则是法律法规以及道德准则。

作为社会行为规范，道德准则和法律法规除了具备规范性，还具备方向性。在实现理想信念，为自己的人生目标努力奋斗时势必会遇到诸多阻碍，而道德准则和法律法规就可以为员工理想与目标的实现提供有力保障。时代的发展使企业员工的生活也在不断发生变化，在这样的变化下，社会变得愈发复杂，因此，作为国有企业思想政治教育工作者，其需要对员工的一些行为活动进行规范，要将坚持依法治国、以德治国结合起来，培养员工的法治观念及道德意识，对行为界限做出明确界定，促进员工道德习惯的养成，保证企业政治、经济活动的顺利开展。

（二）新时代思想政治教育工作者的保证作用

国有企业思想政治教育工作者应协助员工塑造正确的世界观和人生观，以确保企业经济、政治的稳定。为建设社会主义现代化国家，思想政治教育工作者需要依靠以思想政治教育为基础的思想保障，激发员工的创新精神，同时提升他们的主动参与意识。

1.社会稳定的重要保证

维护社会稳定是一项复杂的系统工程，需要全面考虑社会发展状况，综合运用多种途径和方法。

社会和谐稳定的发展，少不了思想政治教育工作者所提供的思想支撑，因为意识形态领域的稳定是社会稳定的基石。在当前形势下，不管是国内还是国外，都存在很多影响社会稳定的因素，在这种情况下，要想保持社会的稳定，先决条件就是维持思想上的稳定。在国有企业中，如果员工的思想出现了偏差，小矛盾就容易演变成大矛盾，本来可以用协商解决的小矛盾就容易被激化，从而变得一发不可收拾。国有企业思想政治教育工作者可通过落实思想工作，纠正员工的思想，防止许多人为矛盾的产生。即便是有了矛盾，也能有效降低矛盾升级的风险。可见，国有企业思想政治教育工作者从思想上为社会稳定提供了一定的保障。

2.经济发展的强大动力

思想政治教育工作者可确保国有企业经济发展沿着正确的道路前进。虽然物质生产本质上并无阶级特征，但生产力与特定的生产关系总是相互依赖和约束的。思想政治教育工作者可协助员工对社会主义经济建设的路径、体制、政策等进行深入了解，进而实现人民在经济建设领域的思想统一，这有利于社会经济发展。

思想政治教育工作者可以为党和国家经济政策及法律法规的顺利落实提供良好保障。制定与经济相关的政策和法律法规旨在调节市场经济并维护市场秩序。然而，在实际经济活动中，受利益驱使、社会风尚和个体思想观念的影响，在落实法律法规方面遇到了诸多困难。面对这种情况，思想政治教育工作者可通过思想政治教育消除员工的心理障碍，使员工的思想境界得到提升，法律意识得以增强，从而为经济持续高速发展提供好的社会环境。

思想政治教育有助于提升员工的道德素质，促使精神力量在中国特色社会主义建设过程中转化为物质力量。加强员工的思想政治教育，可以促使员工更加热情地投身到生产和生活中，还能进一步提升其创新能力，从而推动劳动能力和物质创造力的增长，使生产力得以提高。思想政治教育使员工思想得以解放，并提高员工的改革意识，这对于国有企业以及社会的迅速发展大有助益。

经济增长的稳健需要良好的经济秩序作为基础。思想政治教育工作者可通过宣扬特定的经济伦理，为员工在思想和心态上施加柔性约束，以求维持良好的经济秩序，确保改革不断推进和经济持续增长。思想政治教育可以促使员工自觉地根据市场经济的道德规范来限制自身的行为，并将这一道德规范融入自身的道德意识，形成道德信仰，以确保经济活动健康有序进行。在各种社会形态下，物质生产和经济发展都会受到思想认知的影响。思想政治教育工作者可利用思想政治教育消除落后观念，用科学发展观引导员工以正确的、积极的心态应对经济发展中的挑战，摆脱以经济为中心的思想限制，不断推动国有企业经济健康和持续发展。

3.政治建设的必要条件

自21世纪初以来，在党的引领下，我国在政治体制建设方面取得了具有历史意义的成果。长久以来的实际经历证明了民主政治发展依赖于正确的思想引导，而在建设民主政治和完善政治制度中，思想政治教育发挥了至关重要的作用。在新时代背景下，国有企业思想政治教育工作者在构建中国特色社会主义政治的过程中扮演了关键角色。

第一，理解社会政治文明的核心。在公有制基础上建立的社会主义制度彰显了人类政治文明的进步，体现了人类社会向前发展的方向。社会主义让众多人民深刻领略了真正的民主精神。为构建社会主义政治文明，国有企业思想政治教育工作者要依托健全的制度体系，确保优质的社会主义政治环境得以形成。思想政治教育的宗旨在于好的社会舆论氛围的营造，大力推广社会主义政治制度，纠正员工的错误观念，使员工充分理解国家的社会政治本质，然后积极参与到社会主义政治建设中来，为推进民主建设贡献自己的一分力量。

第二，提升员工的政治意识。要想加快社会主义政治文明发展，就要提高员工的政治素养。要想促进国有企业社会主义民主政治发展，员工的主动参与是关键。在参加政治活动时，员工需具备在政治生活中有效表达观点的能力。因此，提高员工的政治文化水平，增强他们的政治责任意识和政治敏锐性是至关重要的，这样才能使其更积极地参与政治活动并促进企业政治发展。在推广民主和鼓励员工参与政治活动的过程中，必须坚持中国共产党的领导，确保所有活动严格遵守相关法律法规，从而真正激发员工的参与热情。实现这一目标需要进行长时间的、系统的思想政治教育。

第三，增强员工的民主政治意识。与西方资本主义民主相比，中国特色社会主义民主具有一定的优越性。然而，在国有企业中要实现真正的民主，将员工政治思想意识提升到相应的高度是必不可少的，也就是说，国有企业民主政治建设依赖于企业员工自发的民主意识。国有企业要想有效提升员工的民主政治意识，关键在于激发全体员工对政治学习的积极性。通过思想政治教育，加强民主政治意识的培养，提升员工的政治素质和文化修养，开阔视野，使他们能够正确理解民主的真谛，并为国家民主政治的稳步发展奠定坚实基础。

（三）新时代思想政治教育工作者的育人作用

教育的核心在于培育人才。在国有企业思想政治教育中，工作重点是提升企业员工的整体素质，促使他们得到全方位的发展，以满足企业和社会不断发展的需求。在接受思想政治教育的过程中，员工逐步确立和调整他们在评估社会和事物方面的准则，并以这些准则为基础，对各种社会现象及问题做出合理的分析与处理。在此过程中，员工的品格会得到持续发展与完善，逐渐形成正确的三观以及符合当代社会发展要求的道德品质。人才培养是国有企业思想政治教育赖以存在和发展的基石。

1.确立正确的政治方向

国有企业思想政治教育作为一种特殊的教育形式，有着明确的方向性与目的性，它致力于培育具有正确政治观念和道德品质的企业员工。在这个过程中，思想政治教育会对员工的培养和发展多加重视，因为员工是企业发展的未来希望。对于员工而言，正确的政治方向是国有企业建设中国特色社会主义的基本前提，这一方向对于国有企业的长远发展至关重要。然而，正确的政治方向并非天生就有，而是在接受思想政治教育以及参与社会实践的过程中慢慢确立的。正因如此，国有企业思想政治教育便成为引导员工确立正确政治方向的关键途径。通过思想政治教育，思想政治教育工作者向企业员工传达正确的思想观念、政治观点以及理想信念，帮助他们提升内心的信念感。这样，他们便能在个人成长和发展过程中找到正确的政治方向。

2.树立科学的思想观念

思想观念对于员工的思想素质具有决定性作用。要想做出恰当的行为，就要将科学的思想观念作为重要前提。思想观念体现出员工在日常生活中对于客观现象的看法和观点，这在很大程度上决定了员工分析事物、解决问题的途径以及制定行为决策的流程。因此，引导企业员工树立科学思想观念不仅是国有企业思想政治教育的核心内容，还是思想政治教育育人功能的具体体现。在马克思主义指导思想的引领下，国有企业思想政治教育工作者应致力于培育员工民主、科学、开放、创新的思想观，培养员工的科学思维，提高员工的创新能力，促进员工的全面发展。

3.促进理想的人格完善

企业员工的个性特征反映了其品质与道德观。人格是由一系列稳定的心理特质，如思维水平和道德标准等组成的。国有企业思想政治教育工作者肩负着通过教育塑造健全人格、丰富个体精神世界的重要使命，旨在培育具有健康心态和高尚道德的人。在人格完善过程中，思想政治教育工作者需关注两个方面。一方面，要协助员工明确目标。思想政治教育工作者应指导员工设定自身的目标，并鼓励他们根据这些目标来选择实现方式。另一方面，组织实践活动。思想政治教育工作者应提供一定的实践机会，使员工在不断的实践过程中巩固已形成的认知。通过理论与实践相结合的方式，将社会价值观和行为规范整合到实践活动中，有助于员工培养适应社会发展的思维品质和能力。更为关键的是，通过思想政治教育可让员工的精神世界得以充实。

4. 培养不竭的创新能力

通过国有企业思想政治教育，员工的创新能力得以提升。随着社会的发展，人们的思想观念也在不断演变。在当今社会，培养创新精神、提高创新能力变得非常关键。思想政治教育工作者在开展思想政治教育时，不仅需要遵守社会规范，还需要紧跟时代潮流，不断提高员工的创新意识。在探索创新的过程中，创新能力和科学思维方式显得尤为重要，对国有企业的社会主义建设事业有着重要作用。只有通过拓展思维和发展创新，才能更好地在社会主义建设中贡献自己的力量。

（四）新时代思想政治教育工作者的激励作用

"激励是利用一定手段，刺激、诱发人们思想、愿望和行为产生的心理过程。"在国有企业中，思想政治教育工作者可通过各种刺激方法，引导员工在心理和情感层面发生改变，以实现道德感情的加深和道德决心的巩固。这将有助于培养员工优良的道德品质，使其养成良好的道德习惯，从而达到思想政治教育的预期目标。在这一过程中，面对员工的良好行为，思想政治教育工作者要及时给出正向反馈，从而激发他们积极参与的意愿，提高他们的参与积极性，并推动个人能力和素质的提升。思想政治教育激励功能主要体现在，它能引导员工转变自身观念，自觉地将教育目标融入个人追求，并为之付出努力，使国有企业在社会主现代化建设中发挥积极的作用。

1. 使用奖惩激励

通过奖励或者惩罚对员工在思想和行动上产生影响就是奖惩激励。奖励属于正面激励，能促使员工养成良好的行为习惯。而惩罚属于负面激励，有助于减少或消除员工的不良思想，预防或制止错误行为，提高员工思想和行为的准确性。在实际应用中，奖惩激励既包括精神层面的奖惩，也包括物质层面的奖惩，后者作为一种辅助手段，有助于实现教育目标。为了确保奖惩激励的有效性，国有企业思想政治教育工作者需要评估不同对象的实际状况，结合具体情况选择合适的奖惩方式，以实现思想教育目标。

2. 设定合理的目标

实现思想政治教育激励功能的途径之一便是目标激励，其核心在于通过设定特定目标来促使员工的思想和行为发生变化。在适当的目标激励下，员工的思想和行为更具积极性与主动性。员工个体在日常生活中会不断产生提高生活品质的愿望和需求。目标反映出员工对当前状况的不满以及对美好未来的渴望。制定一个正确的目标能够激发员工的奋斗动力，进而实现能力和素质的提高，满足地位和荣誉等方面的需求。目标分为精神目标和物质目标两类。精神目标主要涉及荣誉和地位，物质目标主要涉及物品和金钱等。设定合理的目标对于激发员工个体行为的主动性和积极性具有关键作用。目标设定需具针对性，因为每个员工的工作岗位和经历各异，因此所制定的奋斗目标也是不一样的。为了实现预期激励效果，思想政治教育工作者必须根据员工个体能力来设定适宜的目标。

3. 树立先进榜样

思想政治教育工作者可以先进人物的事迹为范例，激发员工自觉对这些人物的思想与行为进行模仿，从而提升其道德水平。模仿是人类培养正确行为的关键渠道，在成长过程中，对优秀榜样的学习是至关重要的。思想政治教育工作者要深挖榜样的事迹，将其模范行为当作生动教材，引导人民群众崇尚道德、行善积德，使全社会形成良好的社会风尚，为实现中国梦提供精神与道德支持。

4.运用人文关怀

情感驱动是指思想政治教育工作者在思想政治教育中通过关心和关爱员工实现教育目标的方式。真诚的感情是通向人心的钥匙，每个人都期望在生活中得到他人的关注和支持。通过有效的情感交流，可以拉近思想政治教育工作者与企业员工之间的关系。在进行思想政治教育时，融洽的互动关系有助于引发员工的情感共鸣，还容易获得良好的教育成果。从他人的关心和鼓舞中，员工可以获得前进的动力。将情感驱动与其他激励方法相结合，可以大幅提升员工的积极性，使教育效果和影响力成倍增长。思想政治教育工作者在实施情感驱动时，应适度控制程度，并注意将人文关怀与其他策略相融合。否则，过分的情感关怀可能导致员工情感麻木，严重的话还会使员工产生逆反心理。

在国有企业思想政治教育中，激励是非常重要的，其能够激发员工的积极性、主动性和创造性，从而使他们更加投入地参与到教育过程中。通过激励措施，思想政治教育工作者可以引导员工树立正确的价值观和世界观，提升他们的思想道德水平。此外，使用激励措施还能激发员工的潜能，使他们在面临挑战时更有信心、更具韧性，不断自我完善，为国有企业的发展以及社会创造更多价值。

（五）新时代思想政治教育工作者的文化作用

国有企业思想政治教育在文化发展中的功能体现在教育实践过程中。在这一过程中，思想政治教育工作者借助先进文化对员工个体进行教导和引导，使他们树立与社会发展需求相一致的思想观念、价值观和道德规范。通过文化交流等主题活动，凸显主流文化、先进文化的重要价值，实现其对其他文化的引领、传承、创新与整合，推动文化大发展、大繁荣，并在这一过程中使员工的各方面能力素质得到提高，最终实现员工与企业、社会的和谐发展。

1.引领主流文化

为了发挥思想政治教育的文化引领作用，国有企业思想政治教育工作者需要将具体的意识形态作为媒介，将先进文化中的正确意识观念和道德规范通过多种教育方法传达给企业员工，帮助他们接受并内化主流文化，从而促进个人素质的提升。

2.选择先进文化

在当前复杂的国际背景下，国有企业思想政治教育工作者如何选择先进文化显得尤为关键。面对全球化和多元文化带来的挑战，他们需要在马克思主义指导下，基于国有企业以及社会发展需求，在教育实践中引导企业员工树立正确的价值观和道德观，以适应日益紧密的国际交流与合作。

借助先进文化，思想政治教育工作者可以培养员工的民族自豪感，增强其对社会主义核心价值观的认同感。这种认同感将有助于提高员工的道德素质，为国有企业的发展和员工的幸福做出贡献。同时，先进文化有助于抵御消极和低俗文化的侵蚀，保持社会文化的健康发展，提升国有企业的文化软实力。在此过程中，思想政治教育工作者需关注员工的个性化需求，因地制宜地传播先进文化，并使之与本土文化相融合。这种文化融合不仅有利于丰富和发展本民族的优秀文化传统，而且有力推动国家的文化繁荣与发展，为中华民族走向世界提供有力支持。

3.整合多样文化

文化整合指的是在汲取外来文化精髓的同时，将各种社会文化相互融汇，逐步形成一个有机、多元的文化体系。随着外来文化和观念的涌入，我国传统文化与之发生碰撞，使得马克思主义在意识形态领域的领导地位受到严重挑战。因此，对外来文化进行改良与融合显得尤为重要，这不仅有助于在文化冲突与对立中推动中国本土文化发展，还能保持其独特性，防止同化或异化。

在这一大背景下，国有企业思想政治教育的文化整合作用主要表现为增进中国特色社会主义文化的向心力，维护意识形态领域的国家安全，塑造有中国特色的社会主义核心价值观。思想政治教育工作者可将这些核心价值观念有效地传授给企业员工，使之成为全体员工的政治认同和自觉追求。

第二节 思想政治教育工作者应具备的素质和能力

一、坚定的政治素质

对于思想政治教育工作者来说，政治素质是其对于政治问题的认知水平、社会责任感、参与意识和道德观念等方面的表现。其有责任不断提升自己对马克思主义理论的认知水平，并运用具有中国特色的社会主义理论来引导行为、解决实际问题。作为具有强烈党性特点的人，思想政治教育工作者须具备坚定的无产阶级立场和坚强的党性，确保在政治、思想和行动上与党中央保持一致。他们应坚守共产主义信仰，保持对理想的忠诚，秉持大公无私的精神，对人谦逊宽容，严于律己，忠于岗位，勤勉尽责。

二、优秀的道德品质

思想政治教育工作者必须具备优秀的道德品质，以引领员工树立正确的价值观和道德观。首先，思想政治教育工作者需要具备诚实守信的品格，对自己的言行负责，言行一致，以诚待人。诚信是道德品质的基石，思想政治教育工作者作为榜样，需要时刻展现诚实守信的品质。其次，思想政治教育工作者要具备爱心与同情心，关心员工的生活，关注他们的困难，愿意倾听员工的声音，为员工提供必要的帮助。此外，尊重他人也是思想政治教育工作者应具有的道德品质。思想政治教育工作者应尊重每个员工的个性、文化背景和观点，以此促进团队内部的和谐与团结。

在道德品质方面，思想政治教育工作者还需具有强烈的责任感和事业心，他们应当为国有企业的长远发展承担责任，不断提高自身能力，为企业创造价值。同时，思想政治教育工作者要坚持正义，勇于反对不良现象，为员工树立正确的道德榜样。

三、丰富的文化知识

思想政治教育工作者需要具备丰富的文化知识，这有助于他们更好地开展教育工作。首先，思想政治教育工作者应深入学习马克思列宁主义、毛泽东思想、邓小平理论、"三个代表"重要思想、科学发展观和习近平新时代中国特色社会主义思想等基本理论，掌握中国特色社会主义伟大事业的基本方略，为员工提供正确的政治指导。其次，思想政治教育工作者应广泛涉猎各类文化知识，如历史、哲学、经济、法律等领域，使自己具备全面的知识体系，这有助于其更好地了解社会发展情况，分析当前社会现象，为员工提供科学的解答和指导。最后，思想政治教育工作者还应掌握一定的心理学知识，了解员工的需求和特点，运用有效的教育手段，激发员工的积极性和主动性，提升员工的思想政治素质。熟悉心理学原理有助于思想政治教育工作者更好地与员工沟通，把握员工的内心世界，解决员工在工作和生活中存在的困惑和问题。

四、综合的工作能力

思想政治教育工作者的综合工作能力主要体现在以下四个方面：

第一，调查研究能力。调查研究能力是思想政治教育工作者的基本能力，需要其运用科学方法，开展广泛深入的调查研究，深入了解员工的思想状况和需求，明确工作重点和方向，以制订更加有效的工作计划。在日常工作中，思想政治教育工作者需要注重调研结果的科学性和可靠性，及时总结经验教训，不断提升调研能力，以更好地满足企业和员工的需求，推动国有企业发展和进步。

第二，决策组织能力。决策组织能力是思想政治教育工作者必备的能力之一，需要其从整体上把握工作状况，充分调研，总结分析，制订科学合理的工作计划。在工作实施过程中，思想政治教育工作者需要根据实际情况及时调整计划，协调各方资源，严格落实措施，注重检查和评估工作效果。同时，思想政治教育工作者也需要通过总结工作经验和教训，不断提高自身的组织和决策能力，以更好地为企业发展和满足员工需求提供保障。

第三，表达能力。表达能力是思想政治教育工作者必备的能力之一，具体包括口头表达和书面文字表达能力。口头表达需要语言准确生动，表达清晰明了，具有感染力和说服力，能够吸引员工的注意力。书面文字表达则需要条理清晰，表述简洁明了，文字准确规范，具有一定的文学修养，以更好地宣传工作和推动思想政治教育工作的实施。

第四，社交能力。社交能力是思想政治教育工作者必备的能力之一，需要其建立广泛的社会联系，通过各种渠道了解员工的思想状况，进一步提高自身的社会交往能力。除了在工作中积极开展社交活动，思想政治教育工作者还需要提高自身的社交能力，如掌握社交礼仪和社交技巧，注重交流沟通和情感维护，与员工建立良好的关系，促进思想政治教育工作的顺利实施。

五、强烈的现代意识

思想政治教育工作者要与时俱进，培养符合时代要求和现代企业制度的现代意识。

一是信息意识。在信息化时代背景下，思想政治教育工作者要培养强烈的信息意识。首先，思想政治教育工作者需要关注各种信息来源，及时了解国内外政治、经济、文化等方面的新动态和发展趋势。其次，思想政治教育工作者应学会运用现代信息技术，如互联网、大数据等手段，获取、分析和整合信息资源，从而更好地服务于思想政治教育工作。

最后，思想政治教育工作者还要关注网络舆情，了解员工的需求和诉求，及时发现并解决思想政治方面的问题。

二是创新意识。创新意识是指在思想政治教育工作中不断追求新思维、新方法、新策略的意识。在不断发展变化的社会背景下，思想政治教育工作者需要具备敏锐的观察能力，紧跟时代步伐，对新情况、新问题进行深入研究。思想政治教育工作者需要善于从实践中总结经验，敢于打破传统框架，进行教育创新，以更有效地满足国有企业员工的需求。创新意识体现在教育方法上，思想政治教育工作者应主动探索现代教育手段，运用多媒体等技术手段进行教育传播，使教育内容更具吸引力。此外，创新意识还要求他们注重实践，将企业实际与理论知识相结合，使员工在实践中学习、成长。

三是竞争意识。竞争意识是指企业在经营过程中充分意识到自身在市场中的竞争对手，并努力通过提高产品质量和服务水平，降低成本等手段来提高竞争能力的一种意识。在全球化背景下，国有企业面临激烈竞争，竞争意识对于企业的生存和发展至关重要。思想政治教育工作者应关注企业所处行业的竞争态势，充分了解竞争对手的优势和弱点，以便制定合适的发展战略。竞争意识要求思想政治教育工作者注重培养员工的竞争意识，帮助员工明确目标、克服困难，使其提高自身的综合素质。通过优秀的思想政治教育，使员工具备强烈的使命感和责任感，为企业创造价值，提高企业整体竞争力。

四是人本意识。人本意识是指关注和尊重员工的个性、需求和价值观的意识。思想政治教育工作者要强化人本意识，以员工为中心，关注员工的成长和发展。思想政治教育工作者需要关心员工的身心健康，关注员工的职业规划，提供个性化的教育和培训。此外，思想政治教育工作者还要倡导团队内部的平等、尊重和包容，营造和谐、愉悦的工作氛围。通过人本意识的体现，有助于提高员工的满意度和凝聚力，进而提升企业整体竞争力。

五是开放意识。开放意识是指对新思想、新观念、新方法接纳和借鉴的意识。在全球化背景下，思想政治教育工作者需要具备开放意识，开阔视野，学习借鉴国内外优秀的教育理念和实践经验。思想政治教育工作者应关注世界各国的文化特点和价值观念，以更好地理解不同文化背景下的员工，为员工提供有针对性的教育和引导。开放意识还表现在思想政治教育工作者与其他领域的专家、学者进行交流合作上，共同推动国有企业的思想政治教育工作。此外，开放意识要求思想政治教育工作者在教育实践中充分尊重员工的意见和建议，以开放的心态进行自我反思和改进，不断提升教育质量。思想政治教育工作者要利用环境所带来的积极影响，将其所带来的不良因素及时消除，从而使思想政治教育工作可以跟上时代的发展脚步。

第三节　加强国有企业思想政治教育工作队伍的建设

一、认识队伍建设的重要性，发挥带头示范作用

为确保思想政治教育工作者的重要地位，国有企业需要确立科学的观念，将其视为企业不可或缺的人才。思想政治教育工作者不仅是企业思想政治教育工作和文化建设的核心力量，而且是企业生产经营和管理服务的关键支柱。国有企业必须认识到，建立一支兼具数量和质量的专职或兼职思想政治教育工作队伍，对于企业的稳定和发展具有支撑和保障作用。

另外，只有优秀的领导团队才能培养出一支高素质的队伍，而这样的队伍才能获得卓越的成果。在新时期，加强国有企业思想政治教育工作队伍建设的关键在于各级领导班子的自身建设，要充分发挥其模范带头作用。作为企业领导，其应从自身出发，坚持高标准和高起点，在工作中充当表率。

国有企业领导还应进行前瞻性思考，具有一定的改革精神，增强责任感与使命感，以优秀的形象、严格的工作态度和务实的作风领导思想政治教育工作者，全面发挥职责。国有企业领导要以科学发展观作为准绳，积极推广先进典范和成功案例，创造积极的企业文化。国有企业领导需遵守民主原则，敢于接受批评及进行自我批评，在应对问题时广纳众议。国有企业领导在重大事项上要坚持原则，在日常事务中要注重风格，营造互信、融洽、团结的工作氛围，打造具有凝聚力和向心力的领导核心。国有企业领导身体力行，将有效推动思想政治教育工作队伍的建设。

二、不断提高国有企业思想政治教育工作者的综合素质

提升国有企业思想政治教育工作者的综合素质是构建高效思想政治教育工作队伍的关键环节，而其中的核心任务之一就是关注员工的成长和发展。在现实生活中，人最具不确定性、最难以驾驭和把握，这就对思想政治教育工作者提出了更高的要求。为应对这一挑战，思想政治教育工作者必须不断提高自己的综合素质。首先，思想政治教育工作者需要深入学习习近平新时代中国特色社会主义思想等重要理论。只有具备正确的思想观点和政治立场，重视言教与身教，言行一致，以身作则，才能更好地说服和教育他人。其次，思想政治教育工作者要掌握基本知识，学习科学的思考方式和工作方法。随着社会的进步和理论的发展，思想政治教育工作者必须不断学习和提升，保持勤奋好学的精神，这是提高综合素质的必要途径。在新的形势下，思想政治教育工作者要走多元化复合型道路，掌握新知识，增强新技能，将政治理论学习与企业经营相结合，学以致用。此外，思想政治教育工作者还需要注重心理学、沟通技巧等方面的学习，提高与员工进行沟通的能力。为了不断提高思想政治教育工作者的综合素质，国有企业应该为其提供良好的学习和成长环境，举办培训、研讨会等活动，提升他们的业务水平和服务能力。同时，鼓励他们主动学习，拓宽知识面，提高内在素质。

三、尝试建立国有企业思想政治教育工作者岗位轮换制度

在当前时代背景下，每位思想政治教育工作者都应成为具备广泛学科知识和扎实思想政治工作技能的多元化人才，以提升国有企业管理水平。而国有企业管理人员、技术人员及其他职位人员与思想政治教育工作者之间的岗位轮换是培养多元化人才的有效手段之一。在遵循专业为主、专兼相结合的原则，以及保持工会、共青团等专职政工人员稳定的基础上，国有企业应着力培养和选拔具有优秀政治品质、高知识水平、精通经营的多元化人才，让他们在思想政治教育工作和企业文化建设中发挥作用，为企业发展注入新的活力。同时，国有企业应充分发掘技术骨干、生产经营标兵，以及资深党员、模范人物在思想政治教育工作和企业文化建设中的潜力。为此，国有企业可通过举办培训班、座谈会、研讨会等形式，提高这些人员的思想政治工作意识和能力，使他们能够在实际工作中更好地为企业服务。

目前，一些富有远见和魄力的国有企业领导已经在这方面进行了尝试，并取得了不错的效果。这些企业的先行之举为其他企业提供了借鉴，有助于推广岗位轮换制度，促使思想政治教育工作队伍从整体上得到素质的提升。实行岗位轮换制度，有助于开阔思想政治教育工作者的视野，提高他们的专业素质和业务能力，使他们更好地适应不断变化的社会环境和企业发展需求。在此过程中，国有企业应当为员工提供良好的学习和发展机会，营造积极向上、开放包容的企业文化氛围，从而激发员工的创新意识和工作热情，推动企业持续发展。

四、加强国有企业思想政治教育工作者的理论研讨与实务培训

要想培养具备理论素养和实践能力的思想政治教育工作者，加强理论研讨与实务培训是关键。各职能部门需定期组织有针对性的培训活动，如现场参观、经验分享及理论探究，以满足企业长期建设和发展的需求，强化思想政治教育工作者的基本技能。同时，根据企业对复合型人才的培养目标，选拔热衷于思想政治教育工作并具备潜力的人才，将他们安

排在关键岗位进行锻炼，让他们在实践中不断成长，掌握从事思想政治教育工作所需的各种技能，如分析和解决问题的能力，开展思想教育工作、组织会议、总结经验、协调关系等方面的能力。为了确保思想政治教育工作者具备必要的素质和条件，国有企业要不断培养他们了解形势、掌握党务知识以及驾驭工作对象的能力。思想政治教育工作者要能够进行书面表述和口头陈述，这不仅是思想政治教育工作者的基本要求，还是开展高效思想政治教育工作的重要前提。

五、建立健全对国有企业思想政治教育工作者的激励制度

如今，随着企业改革的深入推进，思想政治教育工作者的权益问题尤为突出。在这一过程中，尽管有些企业始终坚持维护思想政治教育工作者的权益，但也有一些企业忽视了这一群体的权益，没有给予他们应有的尊重。特别是在待遇方面，这些工作人员往往面临机会有限、待遇不公等问题。为了解决这一问题，国有企业应当关心和保护思想政治教育工作者的权益，完善他们的职务晋升、职级评定、收入待遇、评优评先、轮岗交流等激励机制和保障措施。国有企业应当通过公平、公正的制度，为他们提供展示自身才能的工作平台和发展空间，让他们能够安心投入工作，无后顾之忧，并给予适当的政治和经济待遇，这样才能保证企业和谐发展。

作为"灵魂工程师"，思想政治教育工作者的工作涉及与人沟通，既琐碎平凡又高尚。他们的许多工作，效益难以直接衡量。因此，国有企业应当重视思想政治教育工作者的选拔、培养和使用，关注他们在工作和生活中遇到的实际问题，提供必要的支持和帮助。思想政治教育工作者并非特殊干部，他们的政治和经济待遇应与同级经营干部相当。只有这样，这支具有特殊使命的队伍才能焕发活力，为企业提供良好服务。同时，国有企业应当树立正确的价值观，提升对思想政治教育工作者的认可度，使他们在企业中的地位得到充分体现。

第六章 新时代国有企业思想政治教育 工作的创新与高质量发展

第一节　新时代国有企业思想政治教育工作思维方式及理念的创新

一、新时代国有企业思想政治教育工作思维方式的转变

（一）对传统思想政治教育工作"概念思维方式"的反思

通常来说，以某一固定实体为介质，对整个世界加以思考的一种思维方式，称之为"概念思维方式"，从本质上看，它是一种将世间一切等同于物，以概念、逻辑的方式对其进行规定的思维方式。从传统思想政治教育工作的角度出发，这种思维方式主要表现为忽视员工的动态性、社会性和主观性，将员工物化为某一固化的、静态的生物体。

逻辑思维或概念思维被视为人类思维的第一次大变革，指的是从远古时代的原始思维转为现代文明思维，其中，原始思维又被称为形象思维或动作思维。远古时代人类的思维方式主要表现为主客体不分，物我不分，没有较为明确的抽象概念，其直接行为方式与人类的思维方式紧密相连。随着时间的推移，一种全新的思维方式逐渐形成，究其原因，在于人类学会了使用逻辑、语言与概念进行思考。而这种以某一固定实体为出发点，对整个世界加以思考的思维方式，被人们称为前（准）哲学的思维方式，又可称为科学的思维方式。西方一直以来习惯运用知识论来认识与理解现实世界，通过概念、逻辑的方式对一切加以规定，从本质上看，就是将一切等同于物，只有物是封闭的、现实存在的。现代文明社会，人们运用概念思维方式对事物的本质、规律及两者间的联系进行理解与把握，从而更好地实现为人类生存发展服务的目的。当人类学会运用此类思维方式时，也就被实体化、对象化了。

现代思维在推动现代文明发展的过程中，也对现代文明的发展起到一定的制约作用。每当现实与思维之间发生矛盾时，思维往往起到决定性作用。国有企业传统思想政治教育工作的概念思维存在三个方面的不足：

第一，抽象性。首先，人们习惯通过某一具体事例或固定实体来思考整个世界，然后运用事物的发展规律和概念，对现实世界加以理解。也就是说，人们习惯运用普遍意义上的抽象化思维方式，由于无法做到对具体、个别事物进行分析，因而思想政治教育难以真正做到以人为本。国有企业之所以开展思想政治教育工作，是源于对员工力量的信任，由此可见，传统思想政治教育工作比较关注员工个体。但是，通过分析传统思想政治教育工作可以看出，思想政治教育工作者与员工之间是主导者与被动接受者的关系，两者在传统思想政治教育工作中并未形成良性互动。其次是员工被固化理解，被视为一个静态的、固定的对象，原本具有多重属性的立体可感的人，被肢解为一个只具有政治一维性的单面人，一个纯粹理性化的动物。虽然在目前的国有企业思想政治教育中，员工的地位已经得到了很大程度上的提升，但是在现实教育工作中，思想政治教育工作者的问题被完全暴露出来，他们中的部分人无法从根本上意识到思想政治教育的本质是实现员工的全面发展，而仅仅将其作为一项政治任务来完成，从这个角度出发，员工的地位没有得到确保。

第二，隔离性。任何自然事物都具有多种属性和多个方面，若是运用概念思维方式，就必须将事物分隔开来。通过概念将原本浑然一体的事物划分成许多独立内容，使得事物的不同属性与方面之间没有任何关联，这就叫"隔离性"。社会实践性是人区别于其他动物的主要特征，人在改造世界的同时，也在改造着自身。然而，思想政治教育工作的隔离性势必会造成企业员工与生活世界的隔离，使得员工脱离丰富多彩的生活世界。思想政治教育来源于生活，是经过历史沉淀凝聚后的产物。但是由于概念思维具有一定的隔离性，使得思想政治教育工作者将生活世界从实际工作中脱离出来。中山大学李萍教授认为，思想政治教育的理性是实践理性。当教育的结果不能在生活世界中体现出来时，只能说明教育本身是失败的。① 此外，由于国有企业思想政治教育工作者未将生活世界引入思想政治教育工作中，因此，无法真正做到对企业员工加以关心。若是无法走进员工的生活世界，不能站在员工的角度思考问题，了解他们的情绪变化，就无从得知他们的内心需求，就必然造成对员工本身不关心与漠视。

第三，凝固性。基于上述两种概念思维特征，概念的内涵会更加稳定，界定会更加清晰，因此具有一定的凝固性。也就是说，一旦概念确定下来，就不会轻易改变。这种凝固性通常表现在两个方面：首先是重知识灌输，轻德行养成。通常而言，国有企业思想政治教育工作的本质是价值观教育，而非知识教育。其次是思想政治教育工作固有的封闭性，致使其无法随着外部环境的变化而做出相应调整。从单纯的教育角度出发，思想政治教育工作者并没有完全做到以员工的全面发展为出发点，而是仅仅注重知识的单向传授。北京师范大学檀传宝教授指出，中华人民共和国成立后的思想政治教育理念来自根据地的政治教育。② 国有企业思想政治教育的任务具有多重属性，思想政治教育工作者既要肩负政治教育任务，又要肩负培养全面发展的人的任务，即从实际出发，培养出人格健全、具有公民道德的企业员工。从教育方法的角度来看，思想政治教育工作者仍然采用的是传统单向灌输的教育方法，而没有真正做到将心理学、教育学理论引入思想政治教育教学活动中，导致一些先进的教育方法与技术无法走进企业课堂。

（二）以实践思维方式来化解传统思想政治教育工作概念思维方式的消极因素

若是改变原有的概念思维方式，国有企业将会迎来何种全新的思维方式？笔者在此作出一个大胆的预言，很可能是"实践思维"。具体来说，就是人类社会的思维形态发生转变，一种与时代发展相适应的全新

---

① 李萍. 对思想政治教育走出困境的理性审视 [J]. 中国高等教育，2005（17）：19-21.

② 檀传宝. 道德教育是学校德育的根本 [J]. 全球教育展望，2001（6）：9-14.

的思维形态随之诞生，即"关系型的动态思维"，或者称为"动态的"或"历史的"思维。

实践本质上是人类能动改造客体的物质性运动，是人类特有的带有一定感性色彩的对象性活动。社会实践是人类特有的生命存在方式，实践思维方式的应用，能够最大限度地将人的能力、人的规定性与人的本质显示出来。

1. 从实体思维到关系思维

20世纪以来，人类实践成果所表现出的一个重大变化便是人类思维方式的转变，即由实体思维转为关系思维。实体思维主要表现为在实践过程中，人们相信世界上一切都有一个可靠的、最终的实体作为基础，抑或是一切表现、一切现象都是以实体为基础而存在的。

进入20世纪，人类思维方式的研究中心发生改变，出现了第二个分支，即"存态论"或"本态论"，这意味着人类将研究的重点放在了世间万物的存在状态与存在方式上。在该领域中，"关系"这一范畴得到凸显。而关系的出现并不代表要全盘否定实体，而是要将关系研究与理解的意义体现出来。从实体思维到关系思维，从本质上看，就是将"存在"问题作为中心议题，将一切事物存在方式与存在状态的问题作为重点来研究。

由开放互联的关系思维取代封闭孤立的实体思维。日本哲学家广松涉以物象化为范式分析了人的关系存在，其具体表现在人与自然、人与社会、人与历史以及人与意识等方面的关系思维破解了近代主客二分的思维模式，实现了人的总体性生存。[①]首先，人创造了自然，那些始终如一、浑然天成的东西，绝非属于人的感性世界。其次，从某种角度来看，历史本质上是一个有相互关联的交往形式的序列。人自主活动的产物就是这些交往形式，"个人本身力量发展的历史"便是交往形式的更替。而人与人交往关系的总和就是社会。有生命个体对其现实世界的反应称为

---

① 广松涉.物象化论的构图[M].彭曦，庄倩，译.南京：南京大学出版社，2002：142.

意识。总而言之，人本身与人的意识、社会、历史、自然始终处于和谐共生的关系中，这些因素脱离人无法独立存在，而人类若是离开了这些因素，便会成为抽象孤立的人。

关系思维在国有企业思想政治教育中的应用，对破除传统的二分思维具有积极作用，可以在一定程度上解决由二分思维导致的社会价值与员工个人价值、思想政治教育工作者与员工两极化的局面。其具体表现在两个方面：一是能够站在宏观视角，同时兼顾自然、个人、历史、社会，使得思想政治教育的视野得以开阔，能够放眼世界发展态势，推动教育开拓新局面；二是关系思维实质上是一种和谐思维，能够迫使只关注全局，而忽略局部，只重视企业，而忽略个人发展的局面得以破除，使两者在统一中共同发展。

2. 从客体思维到主体思维

从客体思维到主体思维是实践思维的另一个重要特点。这意味着人的主体地位将会得到凸显，主要表现为思考问题重心的转移，即由关注外部世界转向关注人本身，使得主体性的思维得以增强。作为一个实体性的概念，"人"指的是一个社会化的生命体。而对"主体"而言，其实质是一个关系范畴，而非一个实体范畴。主体与客体之间是对立统一的关系，若是没有主体，就没有客体，若是没有客体，主体也就没有了存在的意义。

（三）基于实践思维方式的思想政治教育工作面临的挑战和转变

要想真正地将实践思维方式运用到国有企业思想政治教育工作中，除了需要转变观念，还需要在企业教育实践中积极地贯彻这一思维方式，直面现实生活中的各种挑战，通过思维方式的转变，促使企业思想政治教育效率得以提高。

1. 思想政治教育工作的说教灌输型方法向交流渗透型方法转变

交流渗透型方法可以通过以下三个方面进行理解：一是平等性，国有企业思想政治教育工作的主体与客体之间应当是平等的关系，双方沟通时处于平等的地位；二是双向性，思想政治教育工作者与员工之间的地位是可以互换的，信息的沟通也应当是双向的；三是渗透性，就是站在全局角度，客观地对思想政治教育工作加以谋划，在企业文化建设中将思想政治教育工作融入其中，以员工喜闻乐见的文体活动形式，开展思想政治教育工作。

2.思想政治教育工作的单一载体向"互联网+"方向转变

随着科学技术的不断发展，各类新技术、新手段不断涌现出来，如微视频、微博、微信等，给人们的工作、生活和学习带来了诸多便利，如给国有企业思想政治教育工作的创新提供了更好的平台。若是思想政治教育工作者不学习新技术、新手段，就会被时代淘汰，被周围人所嫌弃。

传统的思想政治教育工作只需要利用单一的工作载体就可以完成，而如今时代在发展，社会在进步，单一的工作载体已经远远不能满足现实工作的需要。旧有的工作方式无法留给人较为深刻的印象，吸引力不强，无论是工作主体还是客体的主观能动性都有待进一步提高。在"互联网+"的时代背景下，思想政治教育工作只有与互联网紧密相连，才能最大限度地发挥出其功效，实现双向互动交流，使思想政治教育工作鲜活起来。

3.思想政治教育工作的分析方法由单纯定性向定性和定量相结合的方法转变

传统的思想政治教育工作通常采用的是定性分析方法，即一种通过当事人自身的感觉与经验对事物加以判断与取舍的分析方法。与定量分析相比，定性分析具有较强的主观性，由于缺乏数据的量化分析作支撑，其结果往往无法令人信服。随着社会的不断进步与发展，人们的政治、经济活动以及生活方式日益复杂，影响国有企业思想政治教育工作的因素随之增多，为了确保思想政治教育工作的顺利开展，需要思想政治教育工作者引入定量分析方法。

具体来说，以文字语言作为载体，用来分析研究对象"对不对""是不是""有没有"的问题，也就是分析研究对象"质"方面问题的一种方法，即定性分析。而以数字语言作为载体，用来分析研究对象的数量变化、数量关系和数量特征，从而解决研究对象判断精确性问题的一种分析方法，即定量分析。

传统的定性分析方法虽然有其自身的优势，但是要想获得较为精准的分析结果，就必须要求决策者具备处理复杂问题的能力，以及丰富的经验与知识储备。而现代人的生活丰富多彩，影响因素众多，人们的思想也在不断变化中，尤其是在现代日益复杂的社会环境中，要想使人们凭借个人经验做出正确决策，其难度之大可想而知，因此可以说，人们很难在现代社会条件下形成科学有效的决策，使得思想政治教育工作的科学化进程受到制约。而定量分析方法虽然能研究人们思想的数量关系，但是仅凭数量关系上的差异，很难对不同思想行为的性质加以判定，因此不管采用哪个分析方法都无法获得精确度较高的分析结果。因此，笔者认为，采取定性分析与定量分析相结合的方法可以得到较为理想的决策结果，从而促使思想政治教育工作逐步走上精确化、科学化的轨道。

二、新时代国有企业思想政治教育工作理念的创新

（一）强调个性化教育

新时代国有企业思想政治教育工作在不断发展和进步的过程中，开始强调个性化教育。强调个性化教育有助于提高思想政治教育的针对性和实效性，为员工提供更符合自身需求的培训和指导。强调个性化教育有利于激发员工的主观能动性。在过去的思想政治教育中，往往采用"一刀切"的方式进行教育，很难充分调动员工的积极性和主动性。个性化教育的出现，能够针对员工的年龄、性别、文化背景、职业发展阶段等差异，制定差异化的教育方案，使员工能够在接受教育的过程中找到自己的需求和价值，从而更好地将所学知识应用于实际工作中。

实施个性化教育需要从以下四个方面入手：一是进行深入的员工需求分析，通过问卷调查、面谈等多种方式了解员工的个性特点和需求，为制定差异化的教育方案提供数据支持；二是优化教育内容，将企业文

化、核心价值观、职业道德等与员工的实际需求相结合，设计富有针对性的课程体系；三是采用多样化的教学方法，如线上线下相结合、小组讨论、案例分析等，以适应不同员工的学习习惯和偏好；四是建立完善的评估和反馈机制，定期对个性化教育的实施效果进行评估，及时调整教育方案，使之更符合员工需求。

（二）促进跨界融合

新时代国有企业思想政治教育工作在不断推进和发展的过程中形成了跨界融合理念。突破传统思维框架，将思想政治教育与企业管理、技能培训、团队建设等多领域有机融合，实现跨界共享与共同发展，有利于提高员工的整体素质，提升企业的核心竞争力。

跨界融合理念产生的意义在于打破传统思想政治教育的局限性，提高教育的针对性和实效性。传统的思想政治教育往往局限于对政治理论的传授，容易与员工的实际工作和企业发展需求脱节。而跨界融合理念强调将思想政治教育与其他领域相结合，使之更具有实际意义。这有助于提高员工的政治觉悟和业务能力，为企业发展提供人才保障。

实施跨界融合理念的核心是将思想政治教育与其他领域有机结合，形成一个多元化、立体化的教育体系。这需要国有企业在内容、方式、载体等方面进行创新。在内容方面，国有企业可将企业文化、核心价值观、职业道德等与政治理论相结合，提炼出富有实际意义的教育内容。在方式方面，国有企业可采用多样化的教学方法，如线上线下相结合、小组讨论、案例分析等，以适应不同员工的学习习惯和需求。在载体方面，国有企业可依托企业内部培训、外部培训、企业大学等多种形式，形成一个完善的教育体系。

（三）打造智能化教育平台

新时代国有企业思想政治教育工作在面临诸多挑战的同时，也迎来了前所未有的发展机遇。利用现代信息技术，打造智能化的思想政治教育平台，是提高教育质量和效率的重要途径。

智能化教育平台的优势在于其能够充分发挥现代信息技术的优势，让员工随时随地可以学习，并提供个性化推荐、智能互动和在线评估等功能。这不仅有利于提高员工的学习积极性，还能有效降低教育成本，提高教育质量。通过智能化教育平台，国有企业可以实现资源共享，打破地域和时间限制，为员工创造更为便捷的学习环境。

在采用智能化教育平台的过程中，国有企业需要注意以下四点：首先，加强平台建设，整合企业内外优质教育资源，形成一个内容丰富、功能完善的在线教育平台；其次，注重平台推广，通过举办线上讲座、推送学习资料等方式，引导员工积极参与在线学习；再次，利用大数据、人工智能等技术，实现个性化推荐、智能互动和在线评估等功能，为员工提供精准的学习服务；最后，建立完善的评估和反馈机制，定期对智能化教育平台的实施效果进行评估，及时调整、优化平台内容和功能，以满足员工不断变化的学习需求。

（四）构建开放型教育体系

推动国有企业与高校、研究机构、社会组织等各方资源互动，共同打造开放型教育体系。通过合作研究、交流访问、联合培训等方式，实现资源共享、优势互补，提升教育质量。

构建开放型教育体系的价值在于其能够充分发挥各方优势资源，为员工提供更为丰富和多样化的教育资源。通过合作研究、交流访问、联合培训等方式，国有企业可以开阔员工的视野，提高员工的政治觉悟和业务能力。此外，开放型教育体系还有助于促进国有企业与外部资源的互动，提升企业的知名度和影响力，为企业的长远发展奠定坚实基础。

在实施开放型教育体系的过程中，国有企业需要做到以下四点：首先，明确合作目标和方向，与高校、研究机构、社会组织等各方开展深入合作，共同探讨和研究符合企业发展需求的教育课题；其次，建立长效合作机制，通过定期召开座谈会、研讨会等活动，加强企业与合作方之间的信息沟通和资源共享；再次，注重合作成果的落地应用，将合作研究、交流访问、联合培训等活动成果转化为员工的实际能力提升，为企业发展提供人才支持；最后，建立完善的评估和反馈机制，定期对开放型教育体系的实施效果进行评估，及时调整合作方向和内容，以满足企业不断变化的发展需求。

第二节　建立"以人为本""促进人的全面发展"核心理念

一、建立"以人为本"核心理念

（一）建立"以人为本"核心理念的现实意义

1.建立"以人为本"核心理念，是国有企业思想政治教育工作的本质要求

简单来说，把马克思主义的世界观与方法论转化为人民群众的思想道德素质，就是国有企业思想政治教育工作的本质。把先进的、科学的思想理论灌输给人民群众，进行党的思想、理论、路线、方针教育，将马克思主义的立场、观点和方法，转化为人民群众自觉的思想和行动，就是思想政治教育工作的使命。坚持以人为本，将员工的全面发展作为教育目标，就是国有企业思想政治教育工作的本质要求，只有做到尊重员工的价值，肯定员工的作用，了解员工的实际需求，才能从根本上充分调动与激发员工的创造力和主观能动性，促进员工实现由知到行、由不知到知、由被动到主动的转化，从根本上实现思想政治教育工作的使命。

2.建立"以人为本"核心理念，是科学发展观的核心内容

科学发展观肯定人民群众的价值主体地位和历史主体地位，强调经济社会发展和开展一切工作的根本出发点和落脚点是满足人的各方面需

要和促进人的全面发展，将围绕人的全面发展来推动经济社会的全面协调可持续发展这一主题体现出来。对此，国有企业要做好思想政治教育工作，具体而言，就是要坚持以人为本，深入贯彻落实科学发展观，将员工的全面发展作为工作的重点，一切以员工利益为出发点，促使员工日益增长的物质文化需求得到满足，使得员工的文化、经济和政治权利得到切实保障；就是应当从社会、文化、政治和经济等多个角度出发，促使以人为本的社会主义和谐社会、先进文化、民主政治、市场经济得以建设，促使以人为本的各项政策和体制机制得以完善，将员工的智慧和力量凝聚到发展国有企业事业上来；就是应当最大限度地对员工的主动精神和主体地位加以尊重，在实际工作中，应当将员工答应不答应、高兴不高兴、赞成不赞成、拥护不拥护作为检验一切工作的标准，真正做到以人为本，借助员工的力量，实现国有企业全面协调可持续发展。

3.建立"以人为本"核心理念，是正确处理企业内部各种矛盾、促进社会和谐的需要

民主法治、公平正义、诚信友爱、充满活力、安定有序、人与自然和谐相处是社会主义和谐社会的基本特征。和谐社会的基本价值取向就是要坚持以人为本，对各方面利益关系进行妥善处理，将激发社会活力作为一项重点工作来抓，促进社会公平与公正。和谐社会的判断并非以矛盾的存在与否为标准。随着改革开放的不断深入，社会内部存在的各种矛盾和状况陆续被暴露出来。要想解决这些问题，就要加强思想政治教育。对此，国有企业思想政治教育工作要坚持以人为本，最大限度地实现社会和谐，其可从以下四个方面入手：一是促使员工的合法权益得到根本保障，使员工的创造力得到激发，使员工的综合素质得到提高，从而实现员工的全面发展；二是要敢于面对企业中的各种矛盾，对其产生原因进行深入剖析，从而找到问题解决的合理路径，最大限度地避免因工作不当或决策失误而引起的员工抱怨与不满；三是在对企业内部矛盾纠纷调处机制加以完善的基础上，做好员工的思想疏导工作，引导他们通过合法理性的方式表达内心诉求，从而使矛盾顺利解决；四是解决员工现实生活中的实际问题，从而实现企业和谐发展，进而实现社会和谐发展。

（二）建立"以人为本"核心理念的途径

1.尊重人民群众的主体地位

人民群众在历史进程中扮演着推动者角色，通过他们的社会实践创造出各种发展成果，从而促进了社会经济的发展和文明的进步，可以说，人民群众无论是在古代社会还是在现代社会都发挥着至关重要的作用，中国特色社会主义建设的主体也是人民群众。在认识世界、改造世界的过程中，人民群众的主观能动性被最大限度地激发出来。国有企业思想政治教育工作要想顺利开展，应当充分尊重企业员工的主体地位，真正做到一切以员工为中心，凝聚员工的智慧与力量，从而推动国有企业事业高质量发展。

（1）尊重人民群众的主体地位，是马克思主义政党最为本质的先进性要求。自古以来，人民群众在社会变革中起到了决定性作用，无论是在促进社会生产力发展方面，还是在生产关系与上层建筑的形成方面，都发挥着推动作用，使得社会形态不断更迭。尊重人民群众在历史发展中的主体地位，从本质上就是促使马克思主义真理观与马克思主义价值观实现有机融合，在尊重社会发展规律的基础上，使得人民群众的合法利益得以实现。正因如此，笔者认为马克思主义政党最本质的先进性要求，就是要坚持尊重人民群众的主体地位。

（2）尊重人民群众的主体地位，是社会主义制度的优越性和生命力的根本所在。要想彰显社会主义制度的优越性，就需要基于对人民群众主体地位的充分尊重，最大限度地将广大人民群众的主观能动性激发出来。只有这样，社会主义制度下不同层次、不同属性的积极因素才能实现良性竞争，才能全方位地将社会主义制度的优越性展现出来。

（3）尊重人民群众的主体地位，就是尊重人的基本权利和尊严、人的个性和爱好、人的劳动和创造。在治国理政的理论探索与实践进程中，应当充分尊重人民群众的主体地位，切实保障人民群众的合法权益，调动人民群众的参与热情，凝聚人民群众的力量与智慧，最大限度地将人民群众的工作积极性和主人翁意识激发出来。同时，创造必要的条件与环境，使得人民群众的个性发展与兴趣爱好得到极大满足，做到人尽其才，做到人事相宜。要想实现社会主义现代化，科学技术是关键，发展科技离不开教育，因此，应当认识到知识的重要性；要想实现社会主义现代化，需要增强全社会的创造活力，从而推动社会向前发展。通过采取一系列的有效措施，营造出良好的社会氛围，鼓励大家干事业，支持人们干成事业。

2.坚持教育人、引导人、鼓励人与尊重人、理解人、关心人的辩证统一

基于马克思主义辩证法，中国共产党在革命、建设和改革的道路上逐渐摸索出了一个重要经验，即坚持教育人、引导人、鼓励人与尊重人、理解人、关心人的辩证统一，充分体现出了以人为本方针政策的贯彻执行，国有企业思想政治教育工作同样需要以此为原则。要想做好思想政治教育工作，就应当贴近群众，了解群众所思、所想、所需，这样才能将广大人民群众的积极性充分调动起来。但是，贴近群众并不意味着毫无原则、毫无底线地放弃严格要求。从本质上来看，教育人、引导人、鼓励人与尊重人、理解人、关心人之间是相辅相成、相互促进的，而非相互排斥的。目前我国社会主义现代化建设进入了新的发展阶段，要想促使社会实现高质量发展，就需要做好国有企业思想政治教育工作，就必须坚持教育人、引导人、鼓励人与尊重人、理解人、关心人的辩证统一。

从根本上看，坚持教育人、引导人、鼓励人与尊重人、理解人、关心人的辩证统一，就是要带着对群众的深厚感情开展细致入微的说服教育，在此过程中，恰当的方式方法很重要，应当尽可能地做到晓之以理、动之以情，在潜移默化中将正确的思想宣传出去。也就是说，教育者要站在受教育者的立场上思考问题，对其进行教育、引导和鼓励，从而使其能够树立起正确的三观，保证其身体素质、科学文化素质和思想政治素质得到相应的提高，并在这一过程中，培养出健全的人格以及良好的人际协调能力，从而使其成为全面发展的新时代人才。个体要想实现成长与进步，离不开他人的关心、理解与尊重，其为最大限度地激发人的

主观能动性，以及人与人之间的和谐相处奠定了良好的基础。故此，在新的发展阶段开展国有企业思想政治教育工作，一方面，需要对放松思想政治教育工作要求与忽视思想政治教育工作的倾向加以纠正；另一方面，又要尽可能地避免不关心人、不理解人、不尊重人现象的发生。为了更好地做到鞭策人、激励人、鼓舞人，应当将加强引导、加强教育与关心人、理解人、尊重人有机地结合起来。

3. 坚持既统一思想，又尊重差异

坚持既统一思想，又尊重差异，就是要坚持运用中国特色社会主义理论体系对党员与人民群众进行教育，贯彻执行科学发展观，对多样化的社会思想意识运用一元化的指导思想加以整合，使得马克思主义的领导地位得以巩固。要想真正统一思想，就要坚持解放思想，对现实生活中的热点问题进行及时解答，将提高认识、化解矛盾、答疑解惑作为工作重点来抓，努力在广大群众、党员和领导干部中，将中国特色社会主义的共同信念和共同理想树立起来。在精神文化需求和思想观念方面，努力做到尊重个体差异，面对不同群体与个体之间的矛盾冲突，及时做好情绪疏导工作，并且将一切能够调动起来的积极因素凝聚在一起。

要想做好国有企业思想政治教育工作，统一思想是前提，只有大家齐心协力，才能最大限度地调动起一切能够调动的力量，为共同的理想而努力奋斗。中国共产党的一大政治优势便是不仅对统一思想的工作尤为重视，还善于处理这方面的工作。面对错综复杂的国内外形势，通过全党、全国人民思想与行动的统一，深入贯彻执行党的路线方针政策，对于实现我国宏伟目标具有指导意义。但是，不可否认的是，现实生活中由于人们在社会中的政治地位、经济地位不同，导致个体在兴趣爱好、认知能力、知识水平乃至利益追求等方面也会有所不同，无论是个人与个人之间、个人与群体之间，还是群体与群体之间都存在着无法避免的差异。随着我国社会主义现代化建设和改革开放不断深入，人们的思想开始变得比以往更加活跃，随之产生的问题更多。面对新时代下的新问题，真正做到既统一思想，又尊重差异，对于国有企业思想政治教育工作而言至关重要。

二、建立"促进人的全面发展"核心理念

（一）促进人的全面发展是国有企业思想政治教育工作的终极目的

人的全面发展理论在马克思主义整个思想体系中居于实质和核心的地位。早在《德意志意识形态》中，马克思、恩格斯就提出了"实现人的全面发展"的社会目标。在《共产党宣言》中，马克思、恩格斯把这种人的全面发展的状况称为体现未来社会本质的原则，还在阐述新社会的本质要求时明确指出，新社会是实现"人的自由的全面发展"的社会，在这一社会中，人们可以"在最无愧于和最适合于他们的人类本性的条件下进行这种物质变换"，并宣告："代替那存在着阶级和阶级对立的资产阶级旧社会的，将是这样一个联合体，在那里，每个人的自由发展是一切人自由发展的条件。"

从总体角度出发，马克思主义认为，人的全面发展最根本的是德、智、体、美、劳全面发展，换句话说，就是指每一个现实生活中的人在摆脱各种束缚和制约的前提下，在个性、素质、能力、体力、智力等方面获得发展的过程与境界，是人成为一个完整的人的具体体现。

从本质上看，思想政治教育目标是一个具有丰富的内在结构层次的目标系统，具有一定的复合性。而在一个国家、民族内，全社会所要达成的目标就是思想政治教育的社会目标，以促进整个社会的全面进步为最终目标。专门针对社会个体所确立的思想政治教育目标就是思想政治教育的个体目标，具体来说，就是指提高受教育者的思想道德素质，将其培养成适应社会发展需求的新时代人才。国有企业提高员工的思想道德素质是思想政治教育的直接目标，但是却不能直接作用于社会。只有当思想政治教育能够提高人的思想境界，从而指导其采取正确的做法，促使整个社会和谐发展时，思想政治教育的社会目标才算真正实现。社会目标的实现离不开社会成员，它是思想政治教育社会目标得以实现的根本。特别是随着社会主义市场经济的不断发展与改革开放的不断深入，

人的主体性意识日益凸显，社会成员的权利和义务关系也随之发生重大调整，因此，若是脱离了人的思想，思想政治教育的社会目标便无法实现。除此之外，通过分析个人和社会的关系可以看出，要想实现文化发展、政治发展和经济发展，必须以人的全面发展为前提，而要想实现人的全面发展，势必要使个体的综合素质得到相应提高，这样才能实现整个民族科学文化素质和思想道德素质的提高，从而推动社会的全面发展，使得思想政治教育的社会目标得以实现。

由此可见，在国有企业思想政治教育目标体系中，实现员工的全面发展是关键。培养有理想、有道德、有文化、有纪律的社会主义"四有"新人，既是思想政治教育的具体目标，又是实现员工全面发展的阶段性目标。故此，无论从何种角度出发，国有企业思想政治教育工作的最终目标都应当是"人的自由而全面的发展"。

（二）思想政治教育工作是促进人自由而全面发展的重要途径

通常来说，支撑人的精神力量具有多面性，而思想政治教育工作就是其中之一。从内容角度出发，思想政治教育可帮助企业员工树立正确的世界观、人生观与价值观。正确有效的思想政治教育工作不仅能够帮助员工重新找回精神世界的平衡，还可以促进员工实现自由而全面的发展。从形式角度出发，思想政治教育可帮助员工完成思想转化的工作，员工掌握了正确的方法、观点与立场，才能够更好地认识世界与改造世界。

国有企业思想政治教育工作促进个体实现自由而全面发展的三个主要表现：

首先，促使个体道德得以完善。要想实现人与人之间的和谐共处，道德是关键，而只有当人的言行符合社会道德规范时，才能在社会的全面发展中发挥关键作用。因此，在国有企业思想政治教育工作中，以道德去感化员工的做法显得至关重要。通常来说，依靠舆论的力量，通过感化和劝导的方式，使得员工内心的道德自觉被唤醒，便是德治；依靠强制力量对员工的行为加以规范，便是法治。道德建设在不同的历史时期有着与时代发展相适应的规范要求，它具有一定的时代特征。就我国目前情况而言，开展理想信念教育尤为重要，通过对中国梦和中国特色社会主义进行宣传教育，激发人们的爱国热情，使得时代精神与民族精神得以弘扬，从而帮助人们树立正确的文化观、国家观、民族观和历史观。通过公民道德建设工作的不断深入，使得个人品德、家庭美德、职业道德与社会公德建设不断推进，从而最大限度地提高广大人民群众的道德修养，真正做到尊老爱幼、热爱祖国、热爱人民、积极进取、奋发向上。在汲取中华优秀传统文化的基础上，学习先进的科学理念，将科学教育与道德教育融为一体，坚决抵制腐败落后的文化侵蚀。

其次，促使个体的品格得以完善。一般来说，人格是指做人的尊严、价值和品格的总和。人格与道德有着密不可分的联系，两者之间既有相同之处，也有不同之处。人格的形成需要以道德为基础。人格反映的是个体的内心世界，而道德是社会对个体的一个考量标准；个体性是人格的主要特征，公众性则是道德的主要特征。随着改革开放的不断深入，国有企业员工的思想观念也随之发生改变，多元化是当今社会个体价值观念的主要特点，也使得越来越多的人拥有了独立人格，通常来说，拥有独立人格的个体更加容易接受和理解不同的观点，会尊重他人的价值观念。

最后，促使人的理想得以升华。理想是人生的指南针，能够激发人们内在的动力，帮助人们找到前进方向，成为更好的自己。若是没有理想，人就会找不到前进方向，还容易失去前进的动力。缺乏理想和信仰会对个人和社会都产生影响。从个体角度来说，缺乏理想和信仰会导致人们失去追求和目标，缺乏生活动力和自我价值感，甚至陷入绝望和迷茫。从社会角度来说，缺乏理想和信仰会导致社会价值观混乱、道德水平下降、公共信任缺失、政治和社会秩序不稳定等问题。故此，对于个体而言，信仰与理想的树立或重塑，能够在很大程度上帮助个体实现自由而全面的发展。就目前国有企业情况而言，思想政治教育工作者应该关注当前国家发展战略和政治方向，提高政治敏感度和判断力，积极宣传党和政府的政策主张。同时，应该注重思想政治教育工作与时俱进，结合当下社会热点和问题，为员工提供更加良好的服务和支持，不断提升思想政治教育工作的实效性和群众满意度。此外，还应该注重与各方面力量的沟通和协调，发挥好统战工作的作用，促进各方面力量团结协作，为实现中华民族伟大复兴贡献自己的力量。

（三）从不断促进人的全面发展视角创新思想政治教育工作

笔者认为，马克思所说的人的全面发展是指人的物质、文化、精神等方面都得到全面发展和提高，以实现个体自由、平等和全面发展。而中国的"不断促进人的全面发展"是在此基础上，结合国情和时代特征，注重为人民提供全方位、多层次的服务和保障，以实现人的全面发展。两者之间既有相同之处，又存在着一定的差异。故此，对"每个人的自由发展"如何科学把握与界定成为亟待解决的问题。

习近平同志在《之江新语》中讲过一段话："人，本质上就是文化的人，而不是'物化'的人；是能动的、全面的人，而不是僵化的、'单向度'的人。"这段话强调了人具有多方面的能力和潜力，而不是仅有某一方面的能力或者被单一维度所定义和限制的。

若是从"能动的、全面的人"的高度来研究与分析中国社会的主要矛盾，就会发现，以"人的发展"这一指导理念为立足点，便可轻松破解现实生活中的各类矛盾。从人的根本属性以及需求角度分析，所谓"全面的人"，可以理解为具有多方面需求的人。特别是我国目前已经进入新的发展阶段，随着社会的不断进步与发展，人民群众的需求势必会随之发生变化，表现出新时代的需求特点，即具有可持续性、公平性、升级型与多样性。故此，实现人的全面发展是解决社会矛盾的基础。

新时代背景下，从促进人的全面发展这一视角对我国思想政治教育工作进行审视与创新，对国有企业思想政治教育工作者而言至关重要。

第一，国有企业思想政治教育工作应当以十九大报告提出的"日益增长的美好生活需要"为新时代的行为指南。上述观点指出人本身既是一个多面体，具有一定的主观能动性，也是一个具有多方面需求的个体。从这个角度出发，"日益增长的美好生活需要"也就意味着人们的需求会随着社会的不断发展而变得越来越多样化。由此可见，除了物质需求、精神文化需求之外，人们在环境、安全、正义、公平、法治、民主等方面的需求也在日益增长。因此，十九大报告中提出要保护人民的人身权、财产权、人格权。此次报告首次提到"人格权"，对我国社会发展具有尤为深远的意义与影响。具体来说，隐私权、名誉权、肖像权、姓名权、健康权、身体权、生命权等，都属于人格权，是宪法和法律规定的我国公民享有的重要权利。人们对"不断促进人的全面发展"的追求永无止境，从一定程度上使得人的需求的深度和广度得到拓展，将人的需求提升到新的境界，这些都可以通过十九大报告提及的保障人格权，以及二十大报告提出的"坚持走中国人权发展道路，积极参与全球人权治理，推动人权事业全面发展"看出来。新时代下，国有企业思想政治教育工作者应当立足于满足人民日益增长的美好生活需要，不断开拓思路，对思想政治教育工作加以审视与创新。

第二，思想政治教育工作的基本遵循应当是培育员工的主体意识。在传统思想政治教育工作中，思想政治教育工作者与员工的关系通常是一种单向关系，思想政治教育工作者利用掌握的资源对员工进行思想、言论、行为等方面的引导和控制。而员工处于一种被引导和被控制的状态。思想政治教育工作者与员工之间无法形成良性的双向互动关系。针对这种情况，需要培育员工的主体意识，这样做可以在一定程度上促使员工的本质力量得到发挥，主体能力得到增强。思想政治教育本质上是用来提升员工的全面素质的实践活动，与员工有着不可分割的关系。凡是参与思想政治教育活动的个体都具有一定的主体性，主要表现为不同的个体具有不同程度的创造性与能动性，以及一定的价值倾向性。在实施思想政治教育工作的过程中，其主客体也可视为教育者与受教育者，两者之间具有双向互动的关系，通过主体与客体之间的良性互动，促使个体的创造力与主观能动性得到最大限度的激发，使得员工的思想道德理想状态与员工的思想道德素质之间的矛盾得到有效解决。笔者认为，激发与提升客体的主体性，是现代国有企业思想政治教育工作的关键所在，通过采取一系列的措施与手段，促使员工真正理解真善美的含义，并自觉地按照思想政治教育目标，规范自身行为，通过多种方式，使得自身的道德品质和思想觉悟得到提高，包括自我改造、自我批评、自我调节、自我反省、自我修养、自我教育等。

第三，目的的价值观是树立人本身。世界上的一切，都不过是工具或手段；只有人，方才是唯一的目的。物只有相对的价值，因而永远只能作为手段；而人有绝对价值，作为自由的、理性的行动者，人的存在本身就是目的。"人是目的"这一命题充分证明了人的存在本身就是一种目的，而不是为了达到某种外在的目标而存在。这意味着每个人都应该珍惜自己的存在，努力实现自己的意愿，而不是为了追求别人设定的目标而放弃自我。然而就目前而言，思想政治教育工作者存在对人本身价值的理解误区，认为人仅仅是一种实现教育目的的工具和手段，因此导致人无法实现自由而全面的发展。笔者认为，新时代的国有企业思想政治教育工作应当以促进员工的全面发展为目的，这就要求新时代国有企业思想政治教育工作者深刻理解并贯彻"人是目的"的价值观念，转变"人是工具"这一传统的价值观念。

第四，思想政治教育工作的顺利开展离不开马克思主义的"现实的个人"。在马克思主义中，"现实的个人"是指个体在现实社会中的具体存在，即作为一个劳动者。他强调人意识的产生源自人的社会劳动。物质生产活动使得人类与动物之间出现了根本性的区别。换句话说，社会实践性是区别人与动物的关键因素，人在社会实践过程中，一方面改造了客观世界，另一方面也改造了自身的主观世界。然而，传统的思想政治教育工作并没有将人作为一个重要的社会因素，而是将其孤立看待，因此其教育方法、原则和内容都无法满足时代发展的实际需求。由于思想政治教育工作者将员工从现实世界中抽离了出来，因此就无法给予对方发自内心的关心与爱护。

若是思想政治教育工作者在工作中无法切身地体会员工的内心感受，就无法在双方沟通的过程中产生情感共鸣，从而使得沟通效果大打折扣。故此，从马克思主义的"现实的个人"角度分析，新时代国有企业思想政治教育工作者应当注重培养员工的理想信念。通过强化核心价值观教育，引导员工自觉践行社会主义核心价值观，加强人文关怀。同时，关注员工职业规划，助力个人能力提升，为国有企业发展贡献力量。在员工面临困境时，为其提供援助，关注员工身心健康。总体而言，新时代国有企业思想政治教育工作者应围绕员工需求，提供全面支持，使员工全面发展。

思想政治教育工作具有双重属性，既是知识教育也是价值观教育。笔者认为，价值观教育是思想政治教育工作的本质，知识教育仅仅是思想政治教育工作中的一部分。然而，注重知识灌输，忽略道德修养成为传统思想政治教育工作的一大弊病。通过直接传授政治理论、历史知识、国家政策法规等内容，对人们的思想观念和价值取向进行引导和塑造，这种思想政治教育工作模式具有较强的政治属性。由此可见，我国思想政治教育工作在很长的一段时期内仅把教育重点放在了理论与原则的传授上，突出了它的知识属性，而忽略了它的价值观属性，在客观上不利于国民素质的提高。故此，新时代思想政治教育工作者应当同时兼顾思想政治教育工作的价值观属性与知识属性，一方面要坚持思想引领，紧密围绕党的基本理论、路线、方针、政策以及党的重大战略部署，积极宣传社会主义核心价值观，推动马克思主义理论创新发展，另一方面应该倾听员工的需求和问题，为其提供各项专业指导服务，协助其缓解焦虑，增强自信心和自我认知，进而促使其实现自由而全面的发展。

第三节　国有企业思想政治教育工作与经营管理、企业文化的双向融合发展

一、国有企业思想政治教育工作与经营管理的双向融合

（一）基于国有企业思想政治教育工作与经营管理相通性的融合

通常而言，在遵循市场运行规律的基础上，对生产经营活动实行的一系列工作总称，即经营管理，具体包括控制、协调、组织和计划等。通过经营管理，可以实现产、供、销各环节之间的密切配合与相互衔接，使得各种经营要素之间实现有效组合，从而更加高效地完成企业制定的目标任务。企业经营管理的基本对象是企业的三要素，即人、财、物。在这三要素中，人是发挥决定性作用的重要因素，无论是在管理过程中，还是在实施过程中，人都是各项工作得以顺利开展的关键所在。在企业经营中，只有充分认识到人的重要性，确保管理者与普通员工各司其职、各负其责，才能将企业内部各级员工的积极性与主动性充分调动起来，从而共同推动企业的发展。

随着我国社会主义市场经济的不断发展与完善，科学化与现代化逐渐成为当今经营管理的主要特征，国有企业思想政治教育工作的作用与地位也日益凸显，随之而来的便是对其工作要求的不断提高。要想促使国有企业经营管理逐步实现科学化与现代化，仅仅通过物质奖惩与制度约束很难取得理想效果。对此，需要坚持以人为本的理念，将员工置于企业管理的中心地位，将其作为企业发展的驱动力和核心资源，真正做到尊重员工、理解员工、关心员工，从而实现正确地引导员工。此外，

在企业日常经营管理过程中，应当将思想政治教育工作融入其中，这样能够很好地发挥其应有的功效，促使员工自觉地遵守企业的各项规章制度。由此可见，应当确保经营管理与国有企业思想政治教育工作紧密联系在一起，只有这样，企业员工的工作热情与积极性才会被充分地调动起来，企业经营管理的目标才有望实现，企业在发展过程中才不会迷失方向，才能在社会主义现代化建设中做出应有的贡献。

1. 国有企业思想政治教育工作与经营管理工作的相通性

在国有企业经营管理的过程中融入思想政治教育工作，使其参与到企业的日常管理当中，最大限度地发挥其应有的引领作用。全力推进企业经营管理与思想政治教育工作的深度融合，使两者能够在研究对象、目标设置和方法选择等方面共同发挥作用。

（1）思想政治教育工作与经营管理对象的一致性。人是国有企业经营管理实践和思想政治教育工作展开实施的对象或客体。也就是说，无论是国有企业经营管理还是思想政治教育工作，无论是管理方还是执行方，无论是思想政治教育工作的主体还是思想政治教育工作的客体，都是人本身。与思想政治教育工作相比，国有企业管理工作涉及的内容更加复杂，范围更加广泛，可以说，国有企业管理的对象就是员工在企业内部各类活动的过程中所产生的一切行为。而在国有企业思想政治教育工作中，企业内部各级领导干部、员工，特别是领导干部的政治思想情况，可以被视为实施对象或客体。通常来说，国有企业各级干部、员工所处的工作环境、社会生活等外界因素，都会对他们的思想产生一定的影响，而思想又可以指导人的行为。因此，在对国有企业各级干部、员工的行为进行研究时，既要学会关注人的行为活动与规律，又要对其背后的心理因素加以分析，还要了解研究对象心理产生的客观因素与外部环境。随着时代的变迁和社会的进步，人类所处的外部环境始终处于变化之中，而人的思维活动也会随之发生变化，因此，瞬息万变的社会环境，以及处于这一环境中的企业各级干部、员工，都应当是国有企业思想政治教育工作研究的对象。而国有企业管理所面临的各类问题，也与这些客观因素和外部环境有着密不可分的联系。

（2）思想政治教育工作与经营管理目标设置的协调性。通常来说，思想政治教育工作是指通过宣传思想工作、党建工作、精神文明建设等，引导和影响员工的思想、态度和行为，确保企业稳定发展。而经营管理目标设置是为了确保企业的经济效益和业务发展。在国有企业中，思想政治教育工作与经营管理目标设置具有一定的协调性。具体来说，国有企业同时肩负着两项重要使命，一是大力发展生产力，二是培养思想道德水平高、业务素质和工作能力强、具有责任心的员工。因此，无论是国有企业经营管理还是思想政治教育工作，都应当紧紧围绕这两项任务来开展。通过思想政治教育工作从思想层面对员工的行为加以规范与引导，使得员工的主观能动性被充分调动起来，进而激励员工为实现国有企业的高质量发展而不懈奋斗。国有企业经营管理的根本目的是促进企业生产经营的发展，其前提是遵循市场运行规律，侧重于从管理纪律和规章制度方面对员工的行为加以规范与引导，具体来说，可以借助法律、行政、技术、经济等手段使其得以执行。

通过上述内容可以看出，采取有效的方法和途径最大限度地做好"人"的工作是国有企业经营管理和思想政治教育工作的共同使命，只有这样，才能促使国有企业各级干部和员工与现代企业制度相适应，进而确保国有企业两个任务的完成，推动国有企业高质量发展。

（3）思想政治教育工作与经营管理方法选择上的相融性。人和人的思想是国有企业思想政治教育工作的对象，为了让广大干部和员工树立敬业精神、陶冶道德情操、激发工作热情，国有企业思想政治教育工作者通常会采用谈心交流、熏陶启发、典型带动、正面引导等方法。科学管理要求企业一方面要注重生产力的发展，另一方面又要对员工的行为规律进行研究。具体来说，就是在国有企业管理和生产过程中，要时刻关注员工的心理动态，以及人与人之间的关系，了解员工的真实需求，从而最大限度地将员工的主观能动性和创造力激发出来；此外，还应根据需求、动机、行为"三理论"，寻找相应的管理方法，从而激励各级干部和员工更好地为国有企业发展贡献力量。由此可见，国有企业经营管理与思想政治教育工作的方法选择上也有着相似之处。

通过上述分析，不难发现，虽然思想政治教育工作与企业经营管理是两个截然不同的领域，但在方法选择上却有着相同之处。在思想政治教育工作中，需要通过倾听、沟通、引导等方式，达到改变人们思想、认识的目的。而在企业经营管理中，同样需要采取相同的方法，以达到管理、激励员工，提高企业效益的目的。然而，两者也具有一定的差异性，思想政治教育工作具有更加鲜明的规定性与思想内涵，作为研究人的思想和行为的一项工作，具有专属于自身的规律与特点。

2. 制度创新与思想政治教育工作和企业经营管理的融合

在研究对象、目标设置与方法选择方面，国有企业经营管理与思想政治教育工作具有一定的相通性，因此在社会主义市场经济不断完善与发展的今天，可将思想政治教育工作融入国有企业经营管理中，使两者协同发挥作用。经营管理与思想政治教育工作的科学融合有三点优势：首先，它可以提高企业的政治敏锐性，有助于企业更好地把握国家政策，增强企业的社会责任感和合规意识；其次，它可以推动员工的思想政治素质提升，增强企业凝聚力和创新能力，利于科学规范的现代企业管理制度的建立；最后，它可以增强企业的可持续发展能力，提高企业的社会形象和声誉，获得有力支持。

（1）目标管理制度。对现行的思想政治工作体制进行改革，尽可能地促使经营管理与思想政治教育工作之间有效配合，在一定条件和前提下，将两者有机地融合在一起。这样做有助于把思想政治教育工作渗透到生产经营中，克服思想政治与实际生产表现不同的"双重标准"现象。此外，应当结合企业内部环境条件以及社会外部环境，对国有企业的思想政治教育工作和经营管理工作加以研究、部署、实施、检查与总结，将思想政治教育工作纳入国有企业的目标管理体系。

（2）一岗两责制度。国有企业领导干部在工作中应当一手抓生产、一手抓思想，实施"一岗两责"制度。"一手抓生产，一手抓思想"是企业经营管理的重要理念，旨在促进企业员工的全面发展和企业的可持续发展。一岗两责制度具体内容如下。首先，一岗两责制度要求领导干部承担全面管理和绩效评估的责任，这就需要领导干部不仅要抓好生产管理，还要关注员工的思想觉悟，积极推进企业文化建设和员工的全面发展。其次，一岗两责制度有利于优化企业管理架构和流程。通过实施一岗两责制度，可以明确各级领导干部的职责和权利，避免出现责权不清、决策效率低下等问题。最后，实施一岗两责制度有利于提高国有企业的管理效率和经济效益，促进企业内部的沟通协调和信息流通，减少重复劳动和资源浪费，提高工作效率。

（3）科学管理制度。国有企业要积极尝试将科学管理制度引入思想政治教育工作的全流程。在现代化和科学化国有企业管理体系的建设过程中，思想政治教育工作的不断完善与优化是必不可少的。在建立完善现代企业制度与国有企业转换经营管理机制的过程中，思想政治教育工作应当在确保国有企业顺利完成经营管理机制转型的基础上，努力提升自身的科学管理水平。无论是在思想政治教育工作的调查、设计、实施上，还是在其考核、检查、总结上，各类国有企业都应当努力做到制度化和规范化的管理，结合新的时代背景以及出现的新问题，基于对国有企业思想政治教育工作的充分调查研究，制定科学管理的新方法。这里需要特别注意的是，在企业经营管理中，思想政治教育工作发挥着重要作用，无论在经济工作方面，还是在思想工作方面，都需要进行客观且科学的评估。

（4）复合人才制度。由于企业经营管理与思想政治教育工作在很多方面存在相通性，因此企业管理干部和思想政治教育工作者应当努力提高自身的综合素质，成为能开展经营管理工作和思想政治教育工作的复合型人才。随着时代的发展和社会的进步，我国经济已经进入一个全新的发展阶段，在这样的时代背景之下，思想政治教育工作者应当树立"大服务"理念，根据所从事的工作性质、内容特点、工作目标，找准自身定位与发展着力点，放大自身优势，在保障企业生产经营目标实现的基础上，努力做好国有企业的思想政治教育工作。其作为国有企业管理者，应当在生产经营过程中及时了解员工的思想动态，以及遇到的各种实际问题，帮助他们消除焦虑，使得问题得到有效解决，从而推动国有企业的可持续发展。在这期间，需要国有企业管理干部与思想政治教育工作者的通力合作，充分发挥协同作用，在国有企业内部真正形成利于生产经营和思想政治教育工作顺利开展的局面。换句话说，就是在现代企业制度下，无论是企业管理者还是思想政治教育工作者都应当积极学习，努力提升自身的综合素质。企业管理者应当深入学习思想政治教育的基本原理，将其真正地融入企业经营管理当中，从而有效提高企业的整体运营效率和管理水平；思想政治教育工作者应当了解与掌握市场运行规律，以及企业运营管理的相关理论知识，以便更好地指导具体的实践活动。

（二）以思想政治教育工作为指引促进两者融合

通常来说，现代企业制度的建设本质上就是一种企业制度变革，它的实现离不开企业管理的现代化与科学化。然而，现代企业制度的建立需要经历一个漫长而复杂的过程。客观来说，建立现代企业制度是一项复杂的系统工程，在这个过程中影响最大的就是人，在此期间需要进行大量的协调与沟通工作，需要解决各种利益冲突，需要对不同利益方进行思想疏导，因此，国有企业制度改革更加需要加强思想政治教育工作。

1. 基于思想政治教育工作的现代企业制度建立

对于国有企业而言，改革的一项重要任务就是现代企业制度的建立。可以说，思想政治教育工作在此期间发挥着至关重要的作用。现代企业制度的建立势必伴随着各种冲突矛盾、利益摩擦以及现实困惑，要想解决这些问题，离不开思想政治教育工作，它可以有效发挥其应有的作用，包括人力整合、矛盾化解、沟通倡导、组织协调、观念转变、思想疏导等。从理论与实践两个层面对发达国家的企业管理进行分析，不难发现，人在现代企业制度的建立与运行中发挥着重要作用，换句话说，人员管理是企业管理的核心。即使世界著名管理学家与经济学家的观点主张一直在发生变化，也无法改变其研究对象是人的根本事实。

在思想与实践层面，以人为出发点对经济管理的理论套路和范式加以研究，在过去相当长的一段时期内发挥着重要作用。但是世界上任何一种理论都无法解决所有问题，并且现实世界始终处于变化当中，理论也在随之发生着演变。特别是在百年未有之大变局的今天，我国正面临着各种不确定性和挑战，因此，在理论研究方面，首先应当充分尊重国外先进的研究成果，并积极地汲取与学习，用以丰富自身的理论体系，其次要结合我国国情，有选择性地加以借鉴。此外，在企业思想政治教育工作和经营管理工作中始终坚持以人为本的基本原则，不断开拓创新，在采用国外先进的理念与经验时切忌照搬照抄，应当真正做到具体问题具体分析，根据不同的个体采取不同的措施与方法，进而取得较为理想的效果。总而言之，要想建立与完善现代企业制度，就需要人们以全球视野充分考虑国内外的复杂形势，根据本国国情研究出一条适合自身的发展道路，在企业经营管理中融入思想政治教育工作，从而更好地推动企业可持续发展。

任何一家企业要想实现可持续发展，需要不断地进行管理创新，而思想政治教育工作作为企业管理的重要组成部分，也应随之不断进行改革与创新。现代企业管理五大要素分别是员工、机器、原材料、方法与环境，员工作为生产力各要素中最活跃、最重要的因素，是一家企业实现高质量发展的关键，因此在企业管理中，员工管理是核心环节，通过实现企业经营管理与思想政治教育工作的有机融合，使得企业管理运行效率得到提高，促使思想政治教育工作在企业管理中能够发挥最大化效用，这也是中国特色现代企业管理的具体体现。在过去一段时间内，思想政治教育工作曾在我国企业管理中产生过巨大影响并积累了大量的经验与材料，为国有企业思想政治教育工作打下了坚实的理论基础。但是近些年，随着国内外形势的日益严峻，国有企业要想在瞬息万变的市场环境中求生存、谋发展，就必须立足当下，放眼未来，通过采取一系列的措施，使得思想政治教育工作依然能够在企业管理中发挥应有的作用，最大限度地将员工的主观能动性调动起来，凝聚人心，汇聚力量，共同推动企业的全面协调可持续发展，显现出中国特色现代企业管理的优势与特点。

2.基于思想政治教育工作的国有企业管理机制完善

国有企业在建立现代企业制度的过程中逐步实现管理的科学化及现

代化，这一目标的实现离不开思想政治教育工作发挥的重要作用，可以说，它是国有企业管理体系与思想政治教育工作实现完美融合的结果与产物，在很大程度上使得国有企业长期以来的经济工作与思想政治教育工作相脱离的现象得到改善，客观上提高了国有企业思想政治教育工作的效率。其具体体现在以下四方面：

第一，传统的国有企业思想政治教育工作的考评是独立进行的，没有与经济效益挂钩，因此难以取得良好的效果。将国有企业思想政治教育工作的考评融入企业生产经营中，一方面可以强化领导干部对思想政治教育工作的重视；另一方面又可以提高思想政治教育工作的实效性。这样做能够充分发挥企业在意识形态领域的引领作用，促进员工的思想政治建设，使思想政治教育工作与企业经营管理紧密结合，促进企业管理的科学化、制度化。

第二，以往企业经营管理与思想政治教育工作是独立运行、互不干扰的，由于思想政治教育工作侧重于意识形态方面，与企业生产经营没有直接关联，导致该项工作在开展过程中困难重重。如果将思想政治教育工作融入国有企业经营管理当中，一方面可以有效解决思想政治教育工作的经费问题，另一方面还能够将国有企业干部和员工的思想政治状态考核与物质奖惩联系在一起，从而促进企业可持续发展。

第三，思想政治教育工作是我国现代企业管理的优势和特点，做好国有企业思想政治教育工作，能够将这一优势转化为企业的竞争优势。企业文化是企业实力的重要组成部分，有助于营造良好的内部工作氛围，提高国有企业的凝聚力和综合发展能力。新时期，我国正面临着百年未有之大变局，为了在激烈的市场竞争中站稳脚跟，需要通过思想政治教育工作与企业经营管理相结合的方式，全面强化企业整体实力，实现高质量发展。

第四，在市场形势瞬息万变的时代，企业要想求生存、谋发展，就应当具备随时应对各种风险与挑战的能力，并能够始终保持高速运转的状态。这就决定了国有企业思想政治教育工作无法作为一项专门工作投入大量的时间和精力去做，因此其效果也差强人意。而将思想政治教育工作融入企业管理之中，既可以最大限度地激发员工的创造力与主观能动性，又可以助力企业改革创新与发展。

国有企业建立现代企业制度和改革运行机制的基础与前提是国有企业经营管理与思想政治教育工作的有机融合。就目前来说，国有企业体制机制改革势在必行，一些无法避免的矛盾、复杂情况与局面，是国有企业在改革过程中不得不面对的问题，要想确保企业改革发展沿着正确的方向前进，就需要严格贯彻党中央的各项方针政策，而这就需要思想政治教育工作为其提供思想和理论支持。此外，仅仅依靠现代企业制度无法确保企业可持续发展，其关键在于人，因此，需要通过思想政治教育工作打造一个与现代企业制度相适应的高素质人才队伍。在企业新旧体制交替的关键时期，国有企业干部和员工也需要接受相应的思想政治教育，从而认识到国有企业改革的重要性。

3. 通过思想政治教育工作为国有企业科学管理提供智力支持

21世纪，人类进入了知识经济时代。知识经济是一种以现代科技知识为基础，以信息产业为核心的经济类型。它强调了信息技术的重要性。在此时代背景下，国有企业的管理工作也不可避免地受到一定的影响，主要表现在知识产权与无形资产在国有企业中的地位日益提高，特别是对人力资源的开发、使用与保护方面。可以说，人才资本是推动社会经济发展的重要因素。我国加入世界贸易组织给国有企业带来了不小的冲击，国有企业要想在激烈的市场竞争中存活下来，就必须进行体制机制的改革与创新，使其能够与时代发展需求相适应，最大限度地发挥人才效能，增强人才的经济功能等。

在国有企业管理中，思想政治教育工作可以最大限度地将员工的创造力和主观能动性激发起来，鉴于此，国有企业应当通过内部组织结构和运行机制的改革，促使企业生产力得以激活，尤其是要为人力资源的开发，提供智力支持与精神动力。唯有如此，才能真正地使思想政治教育工作融入企业管理当中，并促使人才效能得到最大程度发挥。国有企业思想政治教育工作在企业经营管理中的独特优势及所具备的重要功能如下：

（1）用国有企业思想政治教育工作推动思想观念转变。思想指导行为，要想做好人才管理工作，首先要解决观念意识的问题，正确认识人才资源在企业发展中的关键作用，通过思想政治教育工作，可以推动员工思想观念的转变，增强企业凝聚力和创造力，提升企业竞争力。若是不能从根本上扭转员工的错误认知，就无法最大限度地激发员工的积极性与创造性，人才效能便难以得到最大程度的发挥，企业的可持续发展也将无从谈起。

（2）用国有企业思想政治教育工作强化人力资源开发。国有企业干部和员工思想道德水平的提升和正确的世界观、人生观与价值观的树立，对于国有企业思想政治教育工作而言至关重要，其中起到决定性作用的因素有两个：一是人力资源的开发；二是人力资源的管理。只有通过各类思想政治教育工作、企业文化宣传和职业教育培训才能使人力资源被开发与管理。由于个体在认知方式、智力水平、道德素质等方面存在差异，因此要想促使国有企业干部和员工拥有较高的生产管理能力，需要对他们进行相应的教育培训，思想政治教育工作在人力资源的开发与管理，以及企业的竞争优势和核心能力的培育方面，可以提供持久的智力支持与思想保障。

（3）用国有企业思想政治教育工作推动学习型企业的建设。20世纪60年代，美国学者哈钦斯首先提出"学习型社会"这一概念。其是以学习者为中心，以终身教育体系为基础，以各类学习型组织为主要载体，在相应手段与机制的保障下，形成一种良好学习氛围的社会类型。为了适应时代发展需求，实现企业可持续发展，越来越多的企业大力开展"创建学习型组织"活动。创建学习型组织的关键是需要修炼五项技术，即系统思考、自我超越、改善心智模式、建立共同愿景和团队学习。由此可见，建立学习型企业就是在企业内部有意识地营造出一种学习氛围，激励员工不断学习新知识、新技能，最大限度地调动起他们学习的主观能动性与创造力，客观上促使企业适应外部环境的变化，实现可持续发展。

从企业全局出发，思想政治教育工作在促进新型管理理念的形成与实践中发挥着重要作用。其有利于企业道德品质的维护、现代企业文化的塑造、企业时代精神的培育以及企业发展方向的引领等。与此同时，国有企业思想政治教育工作还应当在具体实践中对自身的工作方法进行反思与总结，从而推进国有企业管理科学化和现代化，促进国有企业做强做优做大。

二、国有企业思想政治教育工作与企业文化的双向融合

（一）国有企业思想政治教育工作与企业文化建设的异同点

从本质上看，国有企业思想政治教育工作是一项综合教育实践活动，其坚持以人为本的原则，人是一切行为的核心，因此，在国有企业思想政治教育工作中，各级干部和员工是活动的主要对象。开展国有企业思想政治教育工作，能够凝聚人心，汇聚力量，确保企业各项工作的顺利开展。国有企业思想政治教育工作的根本任务是通过社会主义和共产主义思想体系的大力宣传，对国有企业干部和员工进行思想引导，以此来提高他们的心理素质和思想道德水平，使其人格得到完善。国有企业思想政治教育工作一方面要确保党中央与国家的各项方针政策能够落实到位，另一方面又要不断激发国有企业各级干部和员工的积极性与主动性，从而更好地为国有企业的全面协调可持续发展做出应有的贡献。

国有企业的企业文化是指在国有企业内部形成并传承的价值观、规范、信仰和工作方式，它是国有企业的精神核心和行为准则。它是在国有企业的长期生产经营活动中逐渐形成的，本质上是一种群体性思想观念体系，具有不可复制的鲜明特征。其主要包括以下三点。一是强调社会责任感和公共利益。国有企业作为国家掌握的重要经济资源，肩负着维护国家经济安全、促进经济持续发展的使命。二是注重政治素质和政治忠诚。国有企业员工必须具备政治素养、忠诚于党和国家，以坚定的政治信仰和立场为企业创造利益。三是强调团队合作和集体主义精神。其基本内涵大致分为四个层次，即精神文化、制度文化、行为文化和物质文化。

由此可见，要想深刻理解国有企业思想政治教育工作和企业文化，就需要考虑两者之间的关系，找到两者之间的相同点与不同点，还要兼顾两者之间相互影响与相互渗透的部分。

1.两者的区别

从概念的角度分析，企业文化与思想政治教育工作存在根本性差异，既不可将思想政治教育工作与企业文化画等号，也不可在企业经营过程中仅重视企业文化，而忽视了思想政治教育工作。只有在思想上保持清醒认知，才能通过正确的方法有效地解决各类问题。

思想政治教育工作与企业文化之间存在的区别具体表现在以下五方面：

（1）本质不同。思想政治教育的本质是政治教育，因而主要具有政治属性，而企业文化形成于企业生产经营过程中，因而主要具有经济属性。思想政治教育工作是党的优良传统、鲜明特色和突出政治优势，是一切工作的生命线。思想政治教育工作坚持以马列主义、毛泽东思想、邓小平理论、"三个代表"重要思想、科学发展观，以及习近平新时代中国特色社会主义思想为指导。由此可知，思想政治教育工作属于政治文化范畴，具有一定的思想性。

企业文化起源于美国，企业文化理论认为，企业管理的根本在于人的管理，应当以尊重人的人格和促进人的发展为中心，只有这样才能确保企业社会效益与经济效益实现双赢。由此可知，企业文化属于经济文化范畴，具有一定的经济性和管理性。

（2）主体不同。通常来说，企业的领导班子是国有企业思想政治教育工作的主体。企业的领导班子需要具备高度的思想政治觉悟，通过组织开展各种形式的思想政治教育和培训，如集体主义教育、爱国主义教育等，有效提高员工的思想政治教育素质。与此同时，国有企业还要在企业生产经营实践中时刻关注员工的思想动态，及时处理员工各种思想情绪问题，只有这样才能确保企业的经营管理符合国家法律法规和政策，维护企业稳定，促进企业健康发展。

企业文化的主体则是企业的全体员工。企业文化是一种包括价值观念、行为方式、传统习俗、经营策略等在内的企业独有的文化体系。企业需要通过各种方式弘扬企业文化，使员工能够真正理解和认同企业文化的核心价值观念，并在日常工作中落实和践行。这样可以形成良好的企业文化氛围，提升企业的凝聚力和创造力，增强企业的竞争力和持续发展能力。国有企业应当结合自身实际情况，使得企业精神得以培养，管理信条得以确定，企业道德得以建设。

从服务对象角度分析，思想政治教育工作具有一定的普适性，而企业文化往往是企业在自身发展过程中逐渐形成的，与思想政治教育工作相比，其针对性更强。

（3）内容不同。思想政治教育工作的基本内容包括加强思想政治教育、引导员工树立正确的价值观念，使员工以积极的姿态投入工作和生活中，促进企业全面发展。其目的是加强对国有企业干部和员工的思想教育和思想引导，引导人们树立正确的世界观、人生观和价值观，并对其在企业生产经营过程中产生的各种负面情绪给予及时疏导。

企业文化包括企业的核心价值观念、使命与愿景、行为准则、员工文化、品牌形象等方面。其中，企业的使命与核心价值观念是企业的灵魂和根基，是企业文化形成和发展的基础，在一定程度上可以使员工的行为得到规范与约束，企业经营管理水平得到提高。

（4）目的不同。从本质上看，思想政治教育工作是一种思想教育活动，思想政治教育工作目的在于统一思想，指导行为，通过宣传党中央与国家的路线、方针、政策，提高员工的道德水平，使其为企业可持续发展做出应有的贡献。由此可见，国有企业思想政治教育工作一方面能够帮助企业提高生产效率，另一方面还能够及时疏导员工在日常工作中出现的各类负面情绪，使其更好地投入工作中去，共同推动企业可持续发展。

企业文化的目的是通过企业文化建设，进一步明晰企业的价值倡导，对员工的工作行为与企业的管理行为进行规范，进而促使企业的经营管理绩效得到提升。在此过程中，企业文化一方面可以促使企业在瞬息万变的市场环境中不断提高自身的应变能力与生存能力，另一方面还能够促使企业的凝聚力、向心力得以增强，为企业的长远发展保驾护航。

（5）方法不同。从本质上看，国有企业思想政治教育工作是一项思想灌输工作，要求做到四个发挥，即充分发挥国有企业党组织的政治核心作用，发挥国有企业行政在安全生产管理中的主导作用，发挥工会的监督保障作用，以及发挥共青团的领导作用。通过采取合理有效的方式，促使国有企业思想政治教育工作者实现与员工之间的有效沟通，做到及时化解员工的负面情绪，消除员工心中的负能量。在思想政治教育工作中，员工始终处于被动服从的地位。而企业文化的产生具有一定的内生性，具体来说就是企业经过长期的生产经营积累下来的一种内部文化价值观，是企业内在的自我认同和价值体系，反映了企业的经营理念、管理方式、员工行为规范。企业文化的内生性来源于企业内部的历史、文化传承、管理理念。可以说，企业文化是企业员工共同创造出来的，员工在企业文化形成过程中扮演着促进者、维护者和传承者的角色，具有一定的主动性。

2.两者的共同点

国有企业思想政治教育工作和企业文化建设不仅存在本质差异，还具有一定的共通性，主要表现以下五个方面，即人本思想相同、经济基础相同、企业环境相同、基本功能相近、工作手段相似。

（1）人本思想相同。"以人为本"的理念贯穿国有企业思想政治教育工作和企业文化建设的全过程。两项工作的出发点都是激励人、关心人、理解人及尊重人，两者的工作任务相同，都是最大限度地激发员工的主动性与创造性，使得员工的思想道德素质得到提高，集体意识得到培养。总而言之，在对员工的人格塑造以及良好品质的培养方面，两者存在一定的相似之处。也就是说，两者都体现了"以人为本"理念的贯彻落实。

人本思想提倡企业应当尊重员工的人格尊严与生命价值，对他们提出的各种诉求应及时做出相应反馈，使得员工的需求最大限度地得到满足，促使企业内部的人文关怀得以彰显。企业要想发展，关键在于人，因此，要充分发挥人的主体作用，将"人的需求"摆在重要位置，只有足够重视人，才能够确保企业的正常运行，才能够实现企业经济效益的最大化。而这些目标的达成都离不开体系化的企业文化活动，它可以在一定程度上引导员工主体参与到企业核心价值观的构建中，从而提升员工对企业文化的认同度，更好地将其积极性与主动性激发出来，为国有企业的全面协调可持续发展添砖加瓦。

（2）经济基础相同。企业文化和思想政治教育工作的最终目标是一致的，都是为了企业的经济发展而服务的。马克思主义是中国意识形态领域的指导思想，在马克思主义基本原理的基础上，中国共产党结合中国具体实际，带领中国人民走上了一条和平发展的道路。因此，坚持中国共产党的领导，坚持社会主义的方向是企业文化建设和思想政治教育工作开展的重要前提。

（3）企业环境相同。特定的企业环境是企业文化建设和思想政治教育工作赖以进行的必要条件和基础。在相同环境中，在类似因素的影响下，企业文化和思想政治教育工作根据各自的优势与特点，使得企业文化建设的起点与程序得以确定，促使思想政治教育工作的突破口与重点得以发现，并基于此，在企业经营管理中引入思想政治教育工作，使得职业道德、经营思想与治企方针实现统一，最大限度地促使两者在结合过程中得以升华。

（4）基本功能相近。一是约束功能。一旦企业文化在企业内部生根发芽，便会在潜移默化中发挥一定的强制性作用，使得员工的思想与行为在一定程度上受到制约，而思想政治教育工作的主要任务是让员工提高思想认识，促使员工的思想行为能够与国有企业的价值观和目标相一致。二是激励功能。无论是企业文化建设还是思想政治教育工作，都能够在很大程度上激发国有企业干部和员工的主观能动性与创造力。三是协调功能。通常来说，企业文化的协调功能是利用企业文化协调企业中的各种要素与关系，使员工形成共同的理念；而思想政治教育工作的协调功能主要体现在通过批评与自我批评、人际沟通、说服教育等方式，使得人际关系得到调整，人的心理得到调适，人的情绪得到控制，从而有效避免各种矛盾冲突的产生。四是凝聚功能。思想政治教育工作是凝聚人心、鼓舞士气的法宝。从本质上看，企业文化就是一个企业发展的群体意识，而思想政治教育工作就是要凝聚这种积极向上的群体意识，两者的有效融合，对于加强上下联动、形成合力具有积极的促进作用，能够有效地推动和促进企业和谐健康发展。

（5）工作手段相似。一是教育灌输。企业文化建设和思想政治教育工作的教育方式具有相似性，其主要表现在教育目的与教育方式基本一致上。其教育目的都是统一企业员工思想，促使员工综合素质得到提高；其教育方式都是不间断的反复教育。二是情感渗透。企业文化中的情感管理本质上是一种人本管理方式，通过化解员工的负面情绪，使得其主观能动性得到充分发挥，也就是说，通过双向的情感交流与互动，实现企业的高效管理。三是典型示范。思想政治教育工作在很大程度上发挥着明确方向的作用，通过采取榜样示范的方法，在企业内部形成你追我赶、争先进位的工作氛围。企业文化的宣传形式多种多样，通常可以通过评选优秀员工、表彰先进个人等形式，对企业文化价值观念进行强化，通过树立典范，激发员工积极性，在企业内部营造出积极的学习氛围，从而促进企业与员工的共同发展。四是民主参与。思想政治教育工作充分表明了践行群众路线，就必须坚持人民群众的主体地位。要想办好企业，就离不开工人阶级的忠诚奉献与锐意进取。通过具体实践可以看出，员工是企业发展的中坚力量，在企业文化建设中发挥着重要的作用，故此，无论是思想政治教育工作还是企业文化建设都应当尽最大可能地为员工创造条件，使其能够参与到企业决策与问题解决中来。

（二）正确把握企业文化与国有企业思想政治教育工作的辩证关系

1.国有企业思想政治教育工作对企业文化的保证作用

（1）国有企业思想政治教育工作是企业文化建设的基础。党的十九大报告指出："人民有信仰，国家有力量，民族有希望。要提高人民思想觉悟、道德水准、文明素养，提高全社会文明程度。广泛开展理想信念教育，深化中国特色社会主义和中国梦宣传教育，弘扬民族精神和时代精神，加强爱国主义、集体主义、社会主义教育，引导人们树立正确的历史观、民族观、国家观、文化观。"党的二十大报告强调："加强理想信念教育，引导全党牢记党的宗旨，解决好世界观、人生观、价值观这个总开关问题，自觉做共产主义远大理想和中国特色社会主义共同理想的坚定信仰者和忠实实践者。"

要想完成上述工作内容，除了需要依靠思想政治教育工作，还离不开企业文化建设，其中前者发挥的作用更加显著。从本质上看，企业文化属于一种经济文化，要想促使企业文化发挥出其应有的作用，就应当以思想政治教育工作为基石，而思想政治教育工作反过来要以企业文化建设为载体，只有这样，两者才能实现自身效能最大化。如果用绘制画作来形容企业文化建设，那么作画时选用的底色就可以用来形容思想政治教育工作，合适的底色可以使绘画作品看起来更加鲜活灵动，富有层次感，因此，企业文化建设和思想政治教育工作之间是"你中有我，我中有你"的交叉关系，彼此之间相互依存。

（2）国有企业思想政治教育工作为企业文化建设提供政治支撑。企业文化建设要坚持以国有企业思想政治教育工作为指导，通过思想政治教育工作的开展，为企业文化建设提供组织支持。党的十九大报告指出："发展中国特色社会主义文化，就是以马克思主义为指导，坚守中华文化立场，立足当代中国现实，结合当今时代条件，发展面向现代化、面向世界、面向未来的，民族的科学的大众的社会主义文化，推动社会主义精神文明和物质文明协调发展。"由此可见，思想政治教育工作为企业文化建设指引了方向。

我国目前已经进入新的发展阶段，企业文化建设的重要性日益凸显，要想保证企业文化建设顺利开展，就离不开思想政治教育工作的保驾护航，只有坚持党的全面领导不动摇，坚持企业党组织的核心地位不动摇，才能确保企业在市场竞争中不迷失方向，才能使得企业上下团结一心，增强企业凝聚力与向心力，实现企业与员工的共同发展。

（3）国有企业思想政治教育工作为企业文化建设提供方法借鉴。思想政治教育工作是企业发展的重要命脉，是党的优良传统与政治优势，从本质上看，继承与发扬党的优良传统是做好思想政治教育工作的关键。

在开展思想政治教育工作的过程中，国有企业既需要对以往行之有效的思想政治教育工作方法加以继承，也要在实践中不断改进与创新工作方法，并将其运用于企业文化建设中，以此促进企业发展。

2. 企业文化对国有企业思想政治教育工作的促进作用

第一，通过企业文化建设，能够促使国有企业思想政治教育工作的时代感得以增强。企业文化建设的创造者和推动者是企业员工，而企业文化是员工长期以来共同创造的物质和精神财富的总和，员工生活在新时代下，具有新时代的精神风貌，影响着企业文化的形成，而思想政治教育工作在运用到企业文化建设的过程中，也会受到一定的影响，发生某种程度上的创新与改革，使得思想政治教育工作的内容得到丰富，使得一系列有利于增强企业凝聚力与向心力的新方法、新形式得以涌现，并对原有在计划经济体制下的旧方法、旧模式、旧观念加以调整与改变，使之能够与时代发展相适应。从本质上看，思想政治教育工作属于政治范畴，而企业文化属于经济范畴，思想政治教育工作与企业文化建设的融合，从某种角度来看，是政治文化与经济文化的结合，在一定程度上能够使思想政治教育工作的号召力、感染力得以增强，具有鲜明的时代特征。

要想实现企业可持续发展，就需要企业员工充分发挥其主观能动性和创造力，而这一目标达成的前提是要求全体员工对企业的经营理念与企业精神高度认同，并形成一种共同意识，只有这样，才能使国有企业干部和员工为企业健康可持续发展提供动力支撑。

第二，通过企业文化建设，能够促使企业生产经营与思想政治教育工作实现有机融合。企业文化建设与企业生产经营之间有着密切联系，通常来说，企业生产经营决定了企业文化建设，反过来，企业文化建设又能够促进与推动企业的生产经营活动，而企业文化建设又是以思想政治教育工作为指导的，因此，从企业文化建设与企业生产经营的关系角度出发，可以将其视为企业生产经营与思想政治教育工作的融合。

第三，通过企业文化建设，能够促使思想政治教育工作的内涵与外延得以拓展。随着社会经济的高速发展，以及国有企业的不断壮大，员工的思想意识也随之发生了变化，以往他们将工作仅仅视为一种谋生手段，而如今，员工将企业视为实现自我价值的平台，并且在企业中感受到深厚的人文关怀，这在某种程度上使得思想政治教育工作的内涵得到丰富，并焕发出新的生机与活力。此外，思想政治教育工作的活动平台也得到拓展，具体表现为通过企业文化宣传，在一定程度上提高了员工的自身修养和道德素质，有效规范了员工行为，使得思想政治教育工作由单位延伸到了员工的日常生活、学习当中。

第四，通过企业文化建设，能够促使思想政治教育工作的群众性得以增强。企业文化建设的主体是员工，员工在企业文化的形成过程中发挥着重要作用。从某种角度来看，企业文化建设本身具有广泛的群众性，主要表现在其主导地位上。如果将企业文化作为一个组织系统，那么员工就是这个系统的中心，换句话说，员工既是企业文化的创造者，也是企业文化的执行者。企业文化建设在培养员工集体主义精神、增强企业凝聚力方面发挥着积极的促进作用，能够激励员工向着同一目标奋勇前进。

（三）国有企业思想政治教育工作与企业文化建设互融共进的路径

要想实现国有企业的高质量发展，就离不开中国共产党的领导，它是实现这一目标的根本保证。随着经济全球化与世界一体化趋势的不断增强，要想使我国企业在市场竞争中不迷失方向，就要认识到党建工作的重要性，认识到思想政治教育工作在国有企业发展中占据的重要地位以及发挥的重要作用，与此同时，注重在企业文化建设中融入思想政治教育工作，使得两者能够有机融合，进而实现企业的全面协调可持续发展。

1.企业文化建设要把思想政治教育工作放在首位

从根本属性角度来看，政治性是思想政治教育工作的根本属性，经济性是企业文化建设的根本属性。可以说，在中国特色社会主义制度下，任何一家企业的发展都离不开思想政治教育工作，它是一切工作的基本前提与基础。因此，企业文化建设必须将思想政治教育工作放在首位，只有这样，企业在发展道路上才能走得更稳、走得更远。

党的十九大报告指出："必须坚持马克思主义，牢固树立共产主义远大理想和中国特色社会主义共同理想，培育和践行社会主义核心价值观，不断增强意识形态领域主导权和话语权，推动中华优秀传统文化创造性转化、创新性发展，继承革命文化，发展社会主义先进文化，不忘本来、吸收外来、面向未来，更好构筑中国精神、中国价值、中国力量，为人民提供精神指引。"

国有企业必须始终坚持中国共产党的领导，加强企业文化建设，必须坚持马克思主义与中国实际情况相结合，在不断的实践中丰富马克思主义的内涵，使其具有广泛的群众性，使得习近平新时代中国特色社会主义思想能够深入人心，通过树立正确的世界观、人生观和价值观，以及社会主义核心价值观，促使企业上下形成合力，共创辉煌。

2.企业文化设建要突出社会主义党建特色

我国有企业业文化建设的优势与特点，就是在企业内部建立基层党组织和工会，对企业生产经营活动及其相关行为进行组织、监督、指导与服务，从而确保企业能够沿着正确的发展方向不断前进。在这一过程中，广大党员和团员必须起到模范带头作用，充分发挥思想政治教育工作优势，为企业发展保驾护航。

3.思想政治教育工作必须以企业文化建设为载体，主动创新变革

随着时代的变迁和社会的发展，我国社会主义市场经济体制日臻完善，思想政治教育工作原有的方式方法与内容已经无法满足时代发展需求。国有企业思想政治教育工作正在以一种全新的面貌出现在企业文化建设当中，主要表现为精神表现、价值观等内容的载体与形式的转变，通过与企业文化建设的有机融合，使其内涵得到拓展，不仅在工作方式上实现了创新，还为国有企业的高效发展做出了应有的贡献。

国有企业思想政治教育工作通过企业文化建设得以实现，企业通过树立核心价值观、制定各项规章制度等形式，有机地将企业生产经营与思想政治教育工作结合起来。人是企业文化的创造者与执行者，在其形

成过程中发挥着积极的推动作用。通常来说，企业核心价值观的传递形式多种多样，一系列员工喜闻乐见的文化活动便是其主要传播渠道。

4.从制度上保障思想政治教育工作和企业文化建设的相融共通

在企业文化建设中，思想政治教育工作发挥着一定的政治保证作用，同时，思想政治教育工作的内容与形式又因企业文化建设而得到创新与改革，这些作用都需要借助制度架构得以发挥。从国家视角分析，不难发现，法律法规在构建具有中国特色的现代企业制度方面扮演着非常重要的角色。例如，《中华人民共和国公司法》明确规定，"在公司中，根据中国共产党章程的规定，设立中国共产党的组织，开展党的活动。公司应当为党组织的活动提供必要条件"，"公司职工依照《中华人民共和国工会法》组织工会，开展工会活动，维护职工合法权益。公司应当为本公司工会提供必要的活动条件"。思想政治教育工作和企业文化建设的相融共通，通过上述内容得到充分展现。

从企业视角分析，公司章程编制应当遵循国家有关法律法规和政策的规定，同时要顾及企业自身的文化特色和管理需求，符合企业的实际情况。由此可知，公司章程与企业文化建设和思想政治教育工作有着紧密联系，在制定公司各项规章制度的过程中，可将企业文化建设战略与企业愿景纳入其中，进而从不同角度与层面将相关制度框架构建起来。

5.建设高素质的思想政治教育工作队伍

通常而言，提升人的文化素养与思想素质是企业文化建设与思想政治教育工作的核心目标之一，而这一目标的实现离不开一大批综合素质较高的复合型人才，这些人才应当能够适应瞬息万变的市场环境，并具有创造性地开展工作的能力。这支队伍除了需要具备较高的责任感，还需要具备丰富的知识储备，以应对各种突发事件，这些知识既包括不同领域的专业知识，如心理学、管理学、社会学等，又包括一些理论知识，如中国特色社会主义思想以及马列主义基本理论等。

在国有企业中，员工要参与各种专项培训与学习，通过学习，促使其技能水平与理论素质得到提高，从而更好地为国有企业思想政治教育工作与企业文化建设做贡献。

　　一般情况下，企业领导在企业文化建设中发挥着决定性的作用，同时在企业思想政治教育工作中也起着至关重要的作用，因此，要想促使企业思想政治教育工作和企业文化建设的水平与实施效果得到提升，就要提升企业领导的理论素养与思想水平。在企业文化建设与思想政治教育工作的融合实践中，领导者扮演着多重角色，既是引领者、示范者，又是组织者、培训者与监督者，通过领导者在其中发挥的重要作用，能够促使企业文化建设得到创新与优化，促使思想政治教育工作的方式方法得到不断丰富，促使国有企业思想政治教育工作的深度与广度得到不断深化，最大限度地为国有企业健康发展提供文化支持与政治保证。

第七章　推进国有企业思想政治教育工作高质量发展体系建设

第一节　培育国有企业社会主义核心价值体系

一、社会主义核心价值体系的培育对国有企业思想政治教育工作的重要意义

国有企业在开展思想政治教育工作时，要注重社会主义核心价值体系的引领和指导作用。培育并弘扬社会主义核心价值体系，对于国有企业思想政治教育工作具有深远的理论价值和现实意义。

（一）培育社会主义核心价值体系是国有企业思想政治教育工作的优良传统

在党的十六届六中全会上，建设社会主义核心价值体系首次提上议程。在企业思想政治教育工作中，培育和推广社会主义核心价值体系是其理论目标。对社会主义核心价值体系的培育，不仅是党追求的目标，还是国有企业思想政治教育工作者要努力实现的目标。自从中国共产党成立以来，马克思主义就成为其指导思想。在战火纷飞的岁月里，中国共产党凭借马克思主义的力量，团结人民，与敌人进行顽强的抗争，并取得了最终的胜利。中华人民共和国诞生后，在面临建设重任时，中国共产党再次强调了马克思主义的重要指导意义，使我国在国际社会剧变和国内改革面临困难的时刻，汇集力量，展开工作新篇章，取得了全球瞩目的成果，并获得了国际社会的广泛认同。从毛泽东时代开始，我国各届领导人都强调，马克思主义是中国共产党立党的基石，也是引领和团结全民族，坚持中国道路，弘扬中国精神，凝聚中国力量，最终实现中华民族伟大复兴的巨大动力。以马克思主义为基础的理念是中国共产

党保持领导地位与纯洁性的关键，也是在全球化背景下应对西方借助强大经济力量推行其价值观的重要策略。社会主义核心价值体系不仅包括马克思主义指导思想，还包括中国特色社会主义共同理想、以爱国主义为核心的民族精神以及以改革开放为核心的时代精神等，它们一直是中国共产党在长期执政历程中要努力实现的目标，始终贯穿各个阶段和领域的各项工作与实践。

在具有中国特色的社会主义市场经济环境中，企业的壮大与党的引领密不可分。在国有企业中，思想政治教育工作成为传递和实施党的观念的关键渠道。因此，对于国有企业的思想政治教育工作者来说，必须努力培育社会主义核心价值体系，要始终坚定地将马克思主义作为指导思想，用先进的理论为员工提供精神支柱，强化文化自觉与自信。国有企业的思想政治教育工作者要坚持中国特色社会主义共同理想教育，将这一理想与员工的实际利益联系在一起，从而使国有企业发展紧跟社会的发展步伐，两者在和谐统一下共同进步。国有企业思想政治教育工作者要传播社会主义荣辱观，开展诚信与团结互助教育，以提升国有企业员工的职业道德水准。由此可见，培育社会主义核心价值体系正是中国共产党领导下国有企业思想政治教育工作的优良传统。

（二）培育社会主义核心价值体系是提升国有企业思想政治教育工作绩效的题中之意

国有企业的思想政治教育工作与一般工作的绩效评估不同。在企业内部，思想政治教育工作需要协调企业整体效益和员工个体利益之间的矛盾，引领企业发展。在社会层面，思想政治教育工作需要协调企业经济效益和社会效益之间的冲突，以实现社会健康发展。由于国情和国有企业的发展阶段不断变化，思想政治教育工作的绩效评估标准和方法也需要不断更新，因此，协调整体利益与个体利益、经济效益与社会效益的能力成为不同时期评价思想政治教育工作绩效的重要尺度。而培育社会主义核心价值体系是提升思想政治教育工作绩效的关键。

（三）培育社会主义核心价值体系是增强教育工作思想政治教育工作适应性的必然要求

自中华人民共和国成立至今，从最初的改革开放到深入改革的关键阶段，市场从具有基础功能到发挥决定性作用，企业从计划经济时代的被动生产者转为市场经济的主体，这些变化使得企业思想政治教育工作所处的国际形势、国内背景、宏观和微观环境发生了重大转变。在经济全球化、跨国公司的壮大、国际金融危机的冲击、多元文化的影响以及互联网平台的应用等方面，给思想政治教育工作带来了空前的挑战。

随着以产权制度为代表的现代企业制度的确立，企业必须在日益多变的环境中求生存、谋发展，并不断调整，以应对环境的变化，还要重新为思想政治教育工作做出明确的定位。为了使企业思想政治教育工作能够继续引领企业发展、整合发展资源、提升企业实力、保障员工权益及促进社会和谐，人们不能忽视新的环境和要求。只有面对新的变革和挑战，在社会主义核心价值体系的指导下，才能有效提升国有企业在思想政治教育工作方面的适应能力，确保企业面对激烈的市场竞争能够始终占据优势地位。

（四）培育社会主义核心价值体系是创新国有企业思想政治教育工作方法的重要途径

创新是民族发展的精神动力，也是国有企业持续发展的关键因素。国有企业的进步依赖于先进的思想理念、优质的产品服务、科技研发和人才培养。而这些都需要创新型的国有企业思想政治教育工作方法来推动。为了为企业发展提供制度支持，国有企业思想政治教育工作必须不断创新，坚持以社会主义核心价值体系为指导，为企业发展注入活力。而培育社会主义核心价值体系是创新国有企业思想政治教育工作方法的重要途径。

二、培育社会主义核心价值体系，创新国有企业思想政治教育工作

国有企业可将社会主义核心价值体系整合到企业管理当中，以创新思想政治教育工作。

（一）坚持马克思主义的指导地位，坚持国有企业思想政治教育工作创新的正确导向

坚持马克思主义指导思想是创新国有企业思想政治教育工作的基石。马克思主义源于生动的社会实践，具备实践性、革命性和批判性，对实际经验进行总结和提炼，最终形成理论指导。同时，马克思主义还抓住实际生活中的一些不合理现象进行批判，为事物发展确定正确的方向。以马克思主义为指南，中国共产党成功地推进了中国革命、建设与改革，因而在全球范围内获得了广泛关注。这充分证明了马克思主义的强大生命力以及在中国特色社会主义发展中的重要引领作用，同时得到了世界各国的肯定与赞许。

在当今瞬息万变的市场环境下，为了蓬勃发展，国有企业的思想政治教育工作必须恪守马克思主义的指导，这样才能保证企业面对现代化挑战时能够一直沿着正确的道路前进。为此，人们需要强化马克思主义在意识形态领域的主导地位，保持其理论的辩证与批判精神，保持长久以来的优良传统，基于时代发展现状，对不合理的工作内容进行调整，对思想政治教育工作方法进行不断创新，这样才能使国有企业在激烈竞争中占据主导地位。同时，还要增强马克思主义的引导作用，这样有助于增强国有企业对员工及中国特色社会主义事业的责任感，为推动中国特色社会主义事业进步贡献力量，同时实现企业和员工利益的最大化。

（二）坚持中国特色社会主义共同理想，实现国有企业思想政治教育工作的协同创新

在追求中国特色社会主义共同目标的过程中，坚持中国共产党的领导、坚定走中国特色社会主义道路以及实现中华民族伟大复兴的信念至

关重要。中国共产党在中国特色社会主义事业中扮演核心领导角色，适应中国国情所开拓的中国特色社会主义道路为广大人民群众指引方向。而实现中华民族伟大复兴始终是全体国民努力追求的目标。这三个方面紧密相连、相互融合，共同塑造了中国特色社会主义共同理想。这一理想反映了国家、社会等的利益与期望，为凝聚各种创新力量提供了重要支撑。

在国有企业里，思想政治教育工作者积极了解中国特色社会主义共同理想。他们以国家基本情况和企业发展阶段为依据，从整体层面制定适应社会与企业演变的发展策略与目标，在获得员工认可的基础上调动他们主动参与工作的积极性。国有企业思想政治教育工作能够整合管理者与一般员工，让他们在履行职责的同时，加强沟通、交流与学习，消除部门与职位之间的信息不对称，打破创新壁垒。通过各部门间的观念交流和技术互通，实现企业内部的多样化协作创新，以提高企业效率和实现社会利益最大化。

（三）坚持以爱国主义为核心的民族精神和以改革创新为核心的时代精神，实现国有企业思想政治教育工作的内容创新

在国有企业的发展中，思想政治教育工作具有至关重要的作用，而内容创新是其关键因素。为了深入领会社会主义核心价值体系，人们需要紧密联系企业的生产和发展实际，根据不同阶段的需求和变化，不断丰富和更新国有企业思想政治教育工作内容。首先，要把员工的利益和爱国主义教育紧密结合。具体而言，关注员工的实际需求，落实人本治理理念，解决员工存在的问题。在此基础上，加强爱国主义教育，培育员工对国家的认同感，把爱国主义融入具体行动，并将这种精神贯穿在产品生产中，使之成为员工团结合作、共同进步的价值导向。其次，要将企业运营与创新改革相结合。根据实际生产环境，淘汰过时、不合理的内容，引入新的经济、政治、文化、科学和技术发展元素，将各类创新思维贯穿在国有企业思想政治教育工作中。

（四）坚持社会主义荣辱观，实现国有企业思想政治教育工作的载体创新

社会中存在着一种独特的荣辱观。作为判断正确与错误的基本标准，这种荣辱观既是中华民族源远流长的优良传统，也是社会主义核心价值体系的核心要素。其以热爱祖国为荣，以危害祖国为耻；以服务人民为荣，以背离人民为耻；以崇尚科学为荣，以愚昧无知为耻；以辛勤劳动为荣，以好逸恶劳为耻；以团结互助为荣，以损人利己为耻；以诚实守信为荣，以见利忘义为耻；以遵纪守法为荣，以违法乱纪为耻；以艰苦奋斗为荣，以骄奢淫逸为耻。面对新时期，国有企业的思想政治教育工作需要强化文化、活动、管理的创新，使国有企业思想政治教育工作获得新进展。具体来说，要加强文化载体创新，提升文化的吸引力和影响力，塑造尊重荣辱、重视诚信的先进文化，使人们在日常生活中自然地认同和实践社会主义荣辱观，降低企业运营成本。在活动载体创新方面，通过"唱读讲传"的形式激发员工的主观能动性和创造力，利用纪念日、传统节日等时间组织丰富多彩、深入人心的庆祝活动，提高员工参与度，营造融洽的企业文化氛围。在管理载体创新方面，将社会主义荣辱观整合到企业管理中，打造优质的国有企业思想政治教育工作团队，将自律与他律、规范与自由、内部约束与外部约束紧密结合在一起，增强国有企业发展的向心力。

综上所述，国有企业的发展必须坚持以社会主义核心价值体系为指导，而要想有效培育社会主义核心价值体系，国有企业思想政治教育工作的支持也是必不可少的，国有企业思想政治教育工作是为企业发展服务的。简而言之，国有企业的思想政治教育工作与社会主义核心价值体系密不可分，两者相辅相成，相互促进、共同推动国有企业可持续发展。

第二节　国有企业思想政治教育工作的协同育人体系

一、劳动教育与国有企业思想政治教育协同育人体系构建

随着时代的发展和社会的进步，教育的多元化和全面化越来越受到人们的关注。在国有企业中，思想政治教育作为员工培训和成长的重要组成部分，旨在提高员工的思想觉悟、道德品质和职业素养。而劳动教育是培养员工职业技能、敬业精神和团队协作能力的重要途径。因此，将劳动教育与国有企业思想政治教育相结合，构建协同育人体系，对于提升员工综合素质、促进企业可持续发展具有重要意义。本节将从理论与实践两个层面详细论述劳动教育与国有企业思想政治教育协同育人体系的构建。

（一）理论层面：劳动教育与国有企业思想政治教育的内在联系

1.共同目标

劳动教育与国有企业思想政治教育都致力于提高员工的综合素质，培养具有社会责任感、职业道德和创新精神的优秀员工，为企业发展提供人才支持。

2.相互补充

劳动教育重视员工职业技能、敬业精神和团队协作能力的培养，而国有企业思想政治教育注重员工思想觉悟、道德品质和职业素养的提升。两者在内容和方法上相互补充，形成一个立体化、多元化的育人体系。

3.协同发展

劳动教育与国有企业思想政治教育在培养员工的过程中，可以相互促进，实现协同发展。例如，在劳动教育中，员工可以将思想政治教育中形成的道德品质和职业素质落实到实际工作中；而在国有企业思想政治教育中，员工可以将劳动教育中培养的职业技能和团队协作能力融入思想政治教育的实践中。

（二）实践层面：劳动教育与国有企业思想政治教育协同育人体系的构建策略

1.整合资源

充分整合企业内外教育资源，将劳动教育与国有企业思想政治教育有机结合，形成一个内容丰富、形式多样的育人体系。这包括企业内部的培训讲座、研讨会等活动，以及与高校、研究机构、社会组织等的合作交流。

2.创新教育方式

在劳动教育与国有企业思想政治教育的实践中，注重教育方式的创新，将现代信息技术与传统教学相结合，提高教育的吸引力和实效性。此外，还可以通过实践教学、案例分析、角色扮演等方式，使员工更加深入地理解和掌握劳动教育与国有企业思想政治教育的内涵和要求。

3.建立长效机制

构建劳动教育与国有企业思想政治教育协同育人体系，需要建立一套长效的管理和运行机制。这包括制订科学合理的教育计划、建立完善的教育评估体系、加强对教育工作的组织领导等。通过长效机制的建立，确保劳动教育与国有企业思想政治教育能够持续、有序地开展。

4.强化实践锻炼

将劳动教育与国有企业思想政治教育融入员工的日常工作中，让员工将所学知识和技能付诸实践，不断提升自身的综合素质。例如，通过开展志愿服务、社会实践、技能比赛等活动，让员工在参与中感受到劳动教育与国有企业思想政治教育的价值，进一步增强教育的实效性。

5.加强师资队伍建设

选拔一批熟悉企业文化、具备一定教育经验的员工，组建师资队伍。通过定期培训、交流研讨等方式，提升师资队伍的教育水平和能力，为劳动教育与国有企业思想政治教育协同育人体系的构建提供有力保障。

二、"四史"教育与国有企业思想政治教育协同育人体系构建

加强以党史教育为重点的"四史"教育是落实党中央重大决策部署的具体体现。充分发挥国有企业思想政治教育的主渠道作用，在以党史教育为重点的"四史"教育中有效提升员工的政治认同、思想认同、情感认同，使其真正做到"学史明理、学史增信、学史崇德、学史力行"，是国有企业思想政治教育工作的光荣使命和重大责任。

（一）思想引领："四史"教育融入国有企业思想政治教育的思想基础

1.党史是"四史"的根本和核心

"四史"是中国共产党为人民谋幸福、为民族谋复兴、为世界谋大同的实践史，其主线是中国共产党的领导，其重点是党史。毛泽东在延安所作的《如何研究中共党史》的报告中强调："如果不把党的历史搞清楚，不把党在历史上所走的路搞清楚，便不能把事情办得更好。"只有理解中国共产党的党史，把握中国共产党领导的实践主线，才能真正理解新中国史、改革开放史和社会主义发展史，才能总结历史发展规律、洞察历史发展趋势，更加坚定推动中华民族实现伟大复兴的决心和信心。

在国有企业思想政治教育中强化以党史为重点的"四史"教育，能够让员工树立正确的历史观和价值观，使他们始终紧紧围绕国家和人民的根本利益，充分发挥企业主力军和生力军的作用，积极履行企业的社会责任，成长为习近平新时代中国特色社会主义事业的建设者。

2.强化理论武装和思想疏堵

国有企业是国家重要的经济命脉，肩负着促进经济发展、维护国家安全和人民利益的重大责任。因此，企业员工要牢记初心使命，强化使命担当，始终把国家和人民利益放在心中最高位置，树立"主人翁"意识，把自己的事业与国家和人民的事业紧密联系起来。

以党史为重点的"四史"教育能够为员工提供力量源泉，为实现中华民族伟大复兴凝聚力量，还可让员工通过自我激励，增强思想自觉和行动自觉，成长为习近平新时代中国特色社会主义事业的建设者。

在国有企业思想政治教育中，要注重对员工的理论武装和思想疏堵，要加强对马克思主义基本原理的宣传，让员工深刻理解中国共产党为什么"能"、马克思主义为什么"行"、中国特色社会主义为什么"好"等基本道理，从而增强员工的理论自觉和思想自觉。

同时，要解决思想堵塞问题。对于思想堵塞的问题，应当引导员工加强学习，不断开阔视野，增强思想开放性和包容性。

3.强化使命担当，树立"主人翁"意识

在国有企业思想政治教育中，要强化员工的使命担当，让员工明确自己在国有企业中的重要地位和作用，明确自己所肩负的历史使命和责任。同时，要引导员工克服困难和挑战，树立正确的成就观和价值观，不断追求卓越，为企业的发展做出更大的贡献。

将以党史为重点的"四史"教育融入国有企业思想政治教育中，既是加强国有企业思想政治教育"三性一力"的必然选择，也是"四史"教育的题中之义。这样的思想政治教育能够有效提高国有企业员工的思想政治素质，推动国有企业高质量发展，实现中华民族伟大复兴。

（二）提高认同度："四史"教育融入国有企业思想政治教育的目标导向

在将"四史"教育融入国有企业思想政治教育时，应考虑目标的协同性和一致性，合理处理"四史"各部分与不同思想政治教育之间的目标层次关系，强调思想认同和价值认同的内在统一。

1.以党史为核心的"四史"教育目标

"四史"教育旨在增强企业员工的政治、思想和情感认同，坚定对马克思主义的信仰、对中国特色社会主义的信念和对中华民族伟大复兴中国梦的信心，以昂扬的精神为全面建设社会主义现代化国家不懈努力。

2.国有企业思想政治教育目标与"四史"教育目标的关联

"四史"为马克思主义基本理论和价值观教育提供了丰富的实例和历史支持，国有企业思想政治教育则为准确把握"四史"的本质和主流提供了世界观、方法论和理论支持。两者在思想内容和价值导向上相互促进、高度契合，共同致力于立德树人的根本目标。提高企业员工的使命感和责任担当是国有企业思想政治教育持续追求的目标，也是以党史为核心的"四史"教育的重要任务。因此，从本质上讲，国有企业思想政治教育目标与"四史"教育目标具有一致性。

（三）整体联动化："四史"教育融入国有企业思想政治教育模式创新

鉴于"四史"教育在思想引领、价值导向方面的鲜明特点，以及与思想政治教育共享的马克思主义学科基础和内在一致的教学目标，人们在整合过程中应突出整体性，并保持教育内容和教学方式的协同发展。

1."四史"教育与思想政治教育的基本融合模式

通过采用"多课联动"的策略，促使"四史"教育和国有企业思想政治教育全面融合，形成协同效应。

2.改革突破口：将"四史"教育融入思想政治课程

国有企业思想政治教育应不断改革创新，从而赋予其活力。通过体验式、平台情景式、课堂叙事式等多种教学方式改革思想政治教育实践环节，以实现明理、增信、崇德、力行的目标，进一步激发思想政治课程的活力。

3.国有企业思想政治教育的"多课联动"教学模型

国有企业思想政治教育的"多课联动"教学模型主要包括以下四个

基本路径：首先，以实践教学为切入点，不断深化思想政治教育方法的改革和创新；其次，将教育内容整合作为核心，确保思想政治教育的全面性；再次，以思想政治教育联动机制为平台，重视教学要素之间的协同发展；最后，以提升员工政治认同为目标，把立德树人的实际效果作为衡量国有企业所有工作的基本准则，从"培养什么样的人"这一关键问题出发，有效优化评估体系。"多课联动"教学模型如图7-1所示。

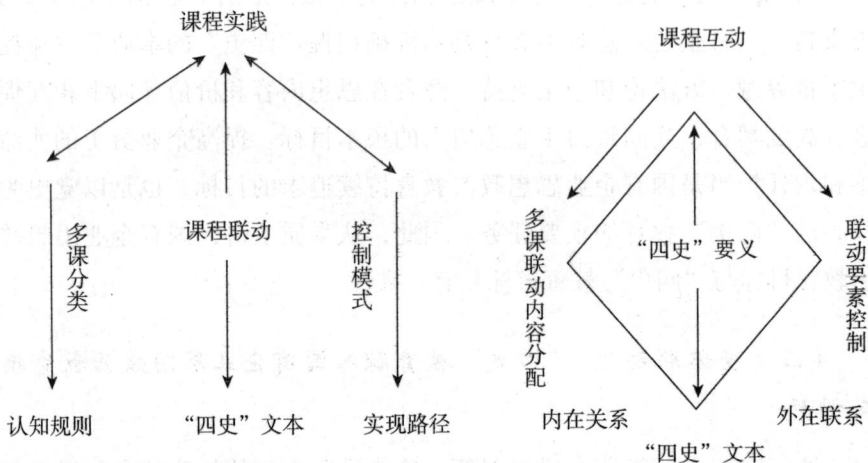

图7-1 "多课联动"教学模型

第三节 国有企业思想政治教育工作的政策与保障体系

一、国有企业思想政治教育工作的相关政策

无论是革命战争年代还是和平建设年代，党中央都发布了许多关于思想政治教育工作的文件。自改革开放新时期开始，面对企业不断变化

的经营环境以及市场经济体制的深化，党中央通过发布相关文件持续引导国有企业思想政治教育工作朝着更加完善的方向迈进。

（一）国家出台的关于企业思想政治工作的相关政策

企业思想政治工作是企业管理的重要组成部分，对于发挥企业职工的主观能动性，推动企业稳步发展具有重要作用。

1983年发布的《国营企业职工思想政治工作纲要（试行）》为国有企业思想政治工作的改进和发展指明了方向，在目标、原则、任务等方面都做出了明确的规定。1986年发布的《国务院关于加强工业企业管理若干问题的决定》强调，要加强企业思想政治工作，推动思想政治工作实现全面性、系统性和科学性。1990年发布的《关于职工思想政治工作的若干问题》着重提出，党要对企业进行领导，为其思想政治工作指引方向，以全面提高干部和职工的思想觉悟、道德品质和文化素质。1992年发布的《中共中央关于加强和改进宣传思想工作，更好地为经济建设和改革开放服务的意见》强调，加强企业思想政治工作，凸显其在企业改革发展中的重要作用。1995年发布的《中央宣传部、国家经贸委关于加强和改进企业思想政治工作的若干意见》对企业思想政治工作的重要性、任务和方法等进行了明确。1999年，在《中共中央关于国有企业改革和发展若干重大问题的决定》中，中共中央倡导将企业视为核心，强化企业的思想政治工作，促进企业改革与发展。同年发布的《中共中央关于加强和改进思想政治工作的若干意见》强调，加强企业党组织对思想政治工作的领导和组织，推动员工思想政治工作的全面、科学和规范发展。2011年发布的《中央宣传部、国务院国资委关于加强和改进新形势下国有及国有控股企业思想政治工作的意见》提出，要坚定以员工为核心，企业为基础，全方位加强企业思想政治工作，并推动员工思想政治工作的创新与发展。2021年发布的《关于新时代加强和改进思想政治工作的意见》提出，思想政治工作是党的优良传统、鲜明特色和突出政治优势，是一切工作的生命线。加强和改进思想政治工作，事关党的前途命运，事关国家长治久安，事关民族凝聚力和向心力。

总的来说，这些文件不仅强调了国有企业思想政治工作的重要性，还提出了具体要求和实施方案。通过执行这些政策，国有企业的思想政治工作得以改革和创新，员工的思想政治素质和创造性得到提升，有力地推动了企业的改革发展。这些文件为国有企业的发展提供了重要的指导和支持，为企业的长远发展奠定了坚实的基础。

（二）党中央关于企业思想政治教育工作政策精神的梳理

改革开放以来，党中央关于企业思想政治教学工作的一系列政策文件中体现了以下内容：

1. 高举中国特色社会主义伟大旗帜

中国特色社会主义伟大事业是新时代的主题，高举这一伟大旗帜意味着坚定中国特色社会主义道路自信、理论自信、制度自信和文化自信。国有企业在思想政治教育工作中要强化这一理念，宣传马克思主义理论体系、中国特色社会主义理论体系以及习近平新时代中国特色社会主义思想等内容，引导员工正确理解和认识社会主义事业，以坚定的信仰为国家发展做出贡献。

2. 围绕企业生产经营这一中心开展工作

国有企业的核心任务是为国家发展提供稳定的经济支持。因此，在开展思想政治教育工作时，要紧紧围绕生产经营这一中心，提高员工的工作积极性、创造性和执行力。通过传播企业文化，加强员工的思想政治教育，引导员工形成正确的价值观和世界观，进而全身心投入企业的生产经营工作中。

3. 以人为本，尊重人，理解人，关心人

企业的发展离不开员工的付出，以人为本就是要尊重员工、理解员工、关心员工。在企业思想政治工作中，要注重员工的个性差异和需求，关注员工的成长和发展。通过开展员工教育培训、员工关怀、员工心理辅导等活动，营造和谐的企业氛围，让员工感受到企业对他们的关爱和支持，提高员工的幸福感和归属感。

4.把解决思想问题同解决实际问题结合起来

作为国民经济发展的支柱，国有企业不仅需要承担经济和社会责任，还需承担政治责任，确保将党的意志融入企业决策中。此外，企业党组织应将思想政治教育工作视为常态化、基础性任务，将解决思想问题与解决实际问题相结合，既阐述道理，又解决实际问题，多开展能够赢得人心、温暖人心、稳定人心的工作。

5.将改革创新贯穿企业思想政治教育工作之中

改革创新是企业发展的重要动力，也是推进企业思想政治教育工作的关键所在。国有企业在开展思想政治教育工作时，应紧跟时代发展的步伐，不断更新观念、优化方法、创新手段，以适应新形势下的工作需求。同时，可利用现代信息技术手段，如互联网、移动终端等，加强企业内部信息的传递和沟通。此外，可借鉴先进企业的成功经验和教训，结合本企业的实际情况，设计出富有特色的思想政治教育工作体系，为员工提供更好的思想政治教育教育服务。

6.社会全体参与，党委和政府引领

在企业思想政治教育工作中，要对党委和政府的主导作用进行强化。各级党委和政府应将完善企业思想政治教育工作作为主要议题，在特定时间里开展研究会议并给出指导建议，努力打造全党、全社会都关注和支持企业思想政治教育工作的良好环境。

7.塑造企业精神，发展企业文化

企业精神具有强大的向心力、鼓舞力和约束力，是企业文化的精髓。在企业思想政治教育工作中，要强化企业文化建设，激发员工的敬业和奉献精神。同时，要紧扣企业实际需求，挖掘企业历史文化底蕴，梳理并优化企业价值观念，提升企业文化对员工的吸引力和感召力。

8.实行现代企业制度，提升经济效益

企业思想政治教育工作需同深化改革、实行现代企业制度、提高经济效益相互融合。发扬党的优良传统，充分发挥党的政治优势，强化和创新思想政治教育工作，对于推动企业改革、实行现代企业制度、发展

中国特色社会主义具有举足轻重的作用。

9.企业思想政治教育工作遵循三贴近原则

企业思想政治教育工作应遵循三贴近原则，即贴近实际、贴近生活、贴近员工。贴近实际是指根据改革开放、现代化建设和企业发展实际情况来规划和执行工作，根据实际需求推动工作，并以实际效果评估工作成果。贴近生活意味着让思想政治教育工作更好地服务、引导和改进员工的生活。贴近员工则要求深入了解员工需求，满足他们的期望，用员工易于理解的语言传达信息，以员工的满意程度、认同程度作为评价标准。

二、国有企业思想政治教育工作的保障体系

（一）国有企业思想政治教育工作的组织保障

1.国有企业党组织在思想政治教育工作中居于核心地位

要想充分发挥国有企业党组织在思想政治教育工作中的作用，需对思想政治教育工作资源进行合理分配，并通过实行党委（党组）、董事会成员及管理团队成员的"双向进入、交叉任职""专兼结合、一岗双责"等职务安排，建立正确的思想政治工作领导结构和工作体制。将思想政治教育工作与生产经营、后勤保障、企业文化建设、人力资源开发、企业管理服务等方面紧密结合，并与各个层面的工作相互贯通，形成党委统一领导、党政共同负责、党政工团齐抓共管，以专兼职政工干部队伍为骨干、以员工群众广泛参与为特色的大政工格局。

2.国有企业党委对思想政治教育工作的领导职责

在国有企业中，党委的工作职责就是领导思想政治教育工作。党委（党组）对此负主要责任，而第一责任人是党委书记。领导团队和各级干部必须强化党性观念、注重品行修养、树立榜样、廉洁自律、恪守社会主义核心价值观，通过实际行动真正获得每一位员工的认可。国有企业党委应主动推动学习型党组织建设，积极组织开展创优争先活动，

以提升党组织建设的科学水平，促进思想政治教育工作的有序开展，从而将党在政治以及组织方面的优势转化为企业的核心竞争力。党委应遵循精简、高效、协同、务实原则，科学构建思想政治工作组织。对于一些大型企业来说，要设立专门的思想政治工作部门；对于中小型企业来说，可基于实际情况，设立党群综合工作部门。党委还需紧密联系企业改革发展的核心使命和阶段性目标，拟定并执行思想政治工作总体规划，采取有效措施将思想政治教育工作各项任务要求在实践中达成。

3.国有企业基层党组织在思想政治教育工作中的职责

企业基层党组织需加强对员工的思想政治教育，为员工提供更好的服务，引导全体员工共同投入创新创业中去。企业基层党组织可组织员工参与政治理论学习，确保党的理念、方针、政策触及每位员工，并在一线落地生根。企业基层党组织可定期召开座谈会、恳谈会，加强员工的日常互动和交流，关注员工的心理健康、学习情况和工作状态，倾听员工心声及建议。企业基层党组织可寻找思想政治教育工作与员工所关注、所期待、所忧虑之处之间的联系，真正深入每一位员工的内心。

4.国有企业工会等群众组织在思想政治教育工作中扮演着关键角色

企业工会组织作为联系党与员工的纽带，代表的是员工的利益。工会应依法履行职责，以促进企业发展和维护员工利益为原则，与企业管理层建立协商机制，在涉及员工利益的重大决策和重要规章制度制定过程中，要及时征求员工的意见和建议，畅通员工诉求渠道，保障员工合法权益。工会应鼓励员工学习科技和专业知识，组织技能竞赛和文体活动，不断提升员工的道德、文化和健康水平。工会应对劳动模范和先进生产者进行表彰，发挥他们的示范作用。

5.国有企业政工队伍建设

国有企业政工队伍包括党务、工会、共青团等专职人员，是直接服务员工、负责思想政治教育工作的核心力量。国有企业应根据实际需求安排政工干部，确保占员工总数的1%以上。在队伍建设中，要将政工干部视为企业的宝贵人才。为了稳定团队、优化结构并提升整体素质，要实施人才培养项目，选拔具备高政治素质、丰富知识以及经营管理能力的中青年干部和杰出毕业生。为此，应制订并执行政工干部培训计划，确保每五年对基层政工干部进行轮训；同时建立交流与轮岗制度，让政工干部在不同岗位上锻炼，从而培养出更多综合素质较高的人才。此外，还应关注政工干部的工作与生活，合理设定薪资和奖金，并确保他们在晋升、职称评定等方面享有与同级管理干部相同的待遇。专职政工干部需深入基层，积极服务员工，不断提升自己的能力，成为思想政治教育工作领域的专家。兼职政工干部则要将思想政治教育工作与自己的业务工作紧密结合，一方面保证业务工作的质量，另一方面投入时间和精力于思想政治教育工作。

（二）国有企业思想政治教育工作的机制保障

1.国有企业思想政治教育工作的动力激励机制

在国有企业中，采用有效的激励方法能够激发员工的主观积极性，增强他们的期望行为，以使生产效率得到大幅度提升。所以，对于国有企业来说，要想促进思想政治教育工作的顺利开展，就要打造相关的激励机制。

（1）奖惩结合的激励机制。通过将奖励和惩罚相结合，可以营造出积极向上的工作氛围。物质奖励有助于提高思想政治教育工作的感召力。对于为企业发展做出贡献的员工，除了精神鼓舞，还应给予物质奖励，以促使他们在道德和职业能力等方面获得全面进步。对于违反企业规定的员工，可以进行适当的惩罚，纠正其行为，这是对企业及其个人利益负责的一种表现。但是，作为负激励的惩罚可能会给员工带来负面情绪，因此，惩罚措施应根据具体情况合理选择。

（2）精神激励机制。在国有企业的思想政治教育工作中，实施精神激励是关键。企业要注重对自身长期、中期以及短期目标的宣传，让每一位员工都对自己所在企业的发展方向有一定的了解，同时清楚在实现这些目标过程中自己所发挥的作用。同时，企业还应引导员工将组织与员工个人的目标相结合，让他们明白在完成企业目标的过程中，自己的目标也能实现。这样一来，员工将会更加积极主动地投入工作中去，还会像关心自己前途一样关心企业未来的发展。

2.国有企业思想政治教育工作的监督评估机制

为了确保国有企业思想政治教育工作的有效性和正确性，需要建立一套监督评估机制。该机制应依据企业对思想政治教育工作的需求和员工的现实状况来制定相应的指标，并利用有效方法对工作成效进行有效评估。实施这一机制将有助于提升企业思想政治教育工作的整体效果，同时为管理和决策提供可靠依据。

在实施监督评估机制时，需关注以下三个层面：首先，企业内部各级思想政治教育工作部门应进行自我检查，根据设定的目标对工作成果进行评估，并提出改进措施；其次，党组织应评估企业内部各级思想政治教育工作部门的成果，并给予建议；最后，员工应对思想政治教育工作部门及其人员的工作能力和成绩进行评价。获得员工认可是思想政治教育工作成功的关键，只有获得了企业员工的真实评价，才能明确因思想政治教育工作而获得的客观成效。

经过客观评估以后，企业能够测定一定时期内的工作成果，并确定下一阶段的目标和重点。有效评估有助于企业对思想政治教育工作中所欠缺的地方有一定的了解，从而及时去补救和改进。此外，实施监督评估机制还能使思想政治教育工作的隐性成果显现出来，使人们将思想政治教育工作看作无用的软任务的错误观念被纠正过来，提升人们对于思想政治教育工作的认同感。

3.国有企业思想政治教育工作的物质保障机制

为了顺利实施国有企业思想政治教育工作，必须具备充足的物质资源和财务支持。相关经费主要分配给企业的理论研究、宣传活动、现场调查、奖励表彰以及工作设施等方面；此外，还需设立专项资金，以提高从事思想政治教育工作人员的收入待遇。将思想政治教育工作经费纳入企业的日常支出，有助于确保这项工作得到有效的物质保障。国有企业在条件允许的情况下应逐年增加投入，而股份制企业应从公益金中按比例划拨。

4.国有企业思想政治教育工作的舆论宣传机制

为了推进国有企业思想政治教育工作，需强化企业宣传媒介建设，同时要完善图书馆、文化广场、活动中心等设施建设，为员工提供多样化的精神文化生活场所。在此基础上，还要注重企业内部的网络建设，设立新闻、论坛、博客、学习专区等栏目，打造高效、个性化的企业思想政治工作网络系统。

5.国有企业思想政治教育工作的人文关怀机制

在国有企业中，从事思想政治教育工作的员工同其他岗位的员工一样有才华、有经验、有抱负。这些员工主要是因为社会分工和事业发展的需求而参与到了思想政治教育工作中，成为企业的全职或兼职政工人员。在中国特色社会主义制度下，企业党团组织承担着传播党的理念、正确引导舆论、支持企业发展及改革、调和企业内部关系以及反映员工需求等重要职责。但是，由于部分企业过分重视经济，导致这类人员流失严重。

为了巩固这支队伍，必须实行有力的政策保障措施，设立入职门槛，让队伍更精干、有序。但仅仅依靠政策保障是不够的，还需建立人文关怀机制。这意味着要提升这些人在公司内的地位，认识到他们所发挥的作用，关注他们的成长道路和未来发展，维护他们的利益。如果不能做到这一点，国有企业的思想政治教育工作可能被认为是可有可无的，最终损害的依然是企业的利益，从长远来看，对于企业的发展也是十分不利的。

第四节 国有企业思想政治教育工作的绩效评估指标体系

一、国有企业思想政治教育工作绩效评估

（一）科学地理解思想政治教育工作绩效评估

1. 关注思想政治教育工作绩效评估与普通绩效评估的区分

在评估思想政治教育工作时，需要注意结果和过程价值目标之间的潜在冲突，因为整体利益与个人利益可能存在对抗。因此，在对承担培养合格社会主义建设者责任的思想政治教育工作进行评估时，应以思想政治教育工作的规范和行为准则为衡量标准，而非以个人利益的实现程度为度量。

2. 重视思想政治教育工作目标在不同发展阶段和特定国情中的地位

我国的制度与国情都与西方国家有着很大的差异，因此思想政治教育工作评估与西方的德育评估不同，其实施路径也有所不同。为了确保评估制度的科学性，企业必须准确掌握这些差异，并据此设计与实际情况相符的思想政治教育工作绩效评估指标体系。

3. 清晰界定思想政治教育工作绩效评估的功能

对于国有企业而言，思想政治教育工作绩效评估的功能也会随着时代的变化而改变，从而与社会发展状况相适应。思想政治教育工作绩效评估之所以具有这样强大的生命力，是因为其根据不同情况采用不同的措施。所以，国有企业必须明确思想政治教育工作中存在的问题以及出现这些问题的原因，然后和当前经济、社会的发展背景结合起来，围绕

思想政治教育工作绩效评估的历史使命来探索它的具体功能及实现途径，从而构建具有特色的国有企业思想政治教育工作绩效评估指标体系。

（二）科学地实践思想政治教育工作绩效评估

1.重新构建流程与评估实践

借助流程再设计，可以对思想政治教育工作的职能进行明确划分，同时通过工作分析，对思想政治教育工作的岗位职责做出准确的范围设计。在进行思想政治教育工作绩效评估之前，有必要通过重新构建流程来优化各部门的职能分工，确保各部门的职能不出现重复或交叉现象。同时，通过制定职位说明书，使岗位职责界定更具科学性。这样一来，人们可以更准确地了解思想政治工作部门主要负责什么工作，所肩负的责任有哪些，然后再对绩效标准加以明确。之后，摸清职能、岗位职责、绩效标准、绩效评估指标之间的内在联系，然后构建出科学的绩效评估指标体系。

2.优化指标与评估实践

为了更有效地开展企业思想政治教育工作绩效评估，需要建立一个合理且全面的指标体系。在构建这一体系时，应兼顾思想政治教育工作的经济和社会效益，同时关注短期成果与长期影响、直接和间接效果。绩效评估指标体系应以综合性、多层次的方式，整合定性与定量指标、统一性指标以及专业性和特殊性指标，确保指标与职能、岗位职责保持一致，同时避免产生不良激励。在进行试点项目的基础上，完善绩效评估指标体系，并建立相应的数据库。这样一来，就可以实现绩效目标的量化和明确化，从技术上为评估实践提供更好的帮助。

3.信息化支持与评估实践

为提高企业思想政治教育工作绩效评估的效果，需建立健全相关信息系统以及沟通机制。信息资源在绩效评估中起到举足轻重的作用。因此，企业要在思想政治工作部门与各群体之间建立广泛的信息交流渠道。通过运用传播媒介、管理信息系统等沟通机制，一方面可以提升思想政治工作部门在信息收集与处理方面的能力，实现资源共享；另一方面，可以使信息沟通渠道更加多样化，建立畅通的群体利益与意愿表达渠道，解决绩效评估中信息不对称的问题，从而使思想政治工作部门更好地满足群体需求。

（三）创建有利于思想政治教育工作绩效评估的环境

国有企业思想政治教育工作绩效评估并非独立存在，而是与企业管理体系中的其他部分相互关联。这一评估过程需要与其他部门共同协作，共同发挥作用。因此，要创建有助于实施思想政治教育工作绩效评估的环境，要以解决问题为导向，并且对如何提高工作绩效予以重点关注。通过评估，为思想政治工作部门提供有益的信息反馈，这样有助于其发现并解决问题、优化绩效，从而加强对思想政治工作部门的激励作用，使思想政治教育工作更具科学化。

开展国有企业思想政治教育工作绩效评估工作要求系统且全面，需将其融入实际工作中，并考虑到评估与工作环境之间的相互影响。所以，除了关注现代科学方法对思想政治教育工作的作用以外，还需重视现代化观念和体制可能对实施思想政治教育工作所产生的影响。正确理解这些问题对于推进思想政治教育工作绩效评估工作以及促进其潜在价值最大限度的发挥具有重要意义。

二、构建国有企业思想政治教育工作绩效评估指标体系

国有企业思想政治教育工作绩效评估指标体系构建应遵循一定的原则，包括整体性原则、客观性原则和可测性原则。整体性原则强调绩效评估指标体系作为一个体系，应保持内部的一致性，完整地呈现评估内容。客观性原则要求绩效评估指标体系应客观可信并符合实际情况，以准确地反映评估结果。可测性原则要求绩效评估指标体系中的指标可测量。

（1）国有企业思想政治教育工作绩效评估指标体系构建流程

在明确评估对象和评估原则的基础上，国有企业思想政治教育工作绩效评估指标体系的构建通常应包括以下步骤：

第一，确定评估目标和范围。在构建国有企业思想政治教育工作绩效评估指标体系之前，先要明确评估的目标和范围。这包括确定评估的具体内容、涉及的部门和人员、评估的时间周期等。

第二，分析评估因素。对于国有企业思想政治教育工作的各个方面进行深入分析，找出影响绩效的关键因素。其主要包括政策执行力度、员工的政治觉悟、企业文化建设等。

第三，设计绩效指标。根据分析出的关键因素，设计具有针对性和可操作性的绩效指标。这些指标应该反映出企业思想政治教育工作的关键环节，能够全面、客观地评估企业思想政治教育工作的成效。

第四，确定权重分配。为了体现不同指标在绩效评估指标体系中的相对重要性，需要为每个指标分配权重。权重分配可以通过德尔菲法等方法进行。

第五，建立评估模型。根据已设计的绩效指标和确定的权重分配，构建适用于国有企业思想政治教育工作绩效评估的模型。评估模型应具备灵活性和适应性，能够根据实际情况进行调整。

第六，设定评估标准。为了更好地评价绩效，需要设定一系列评估标准。这些标准应当具备明确性、客观性和可操作性，以便评估人员准确判断绩效水平。

第七，实施评估。按照既定的评估模型和标准，对国有企业思想政治教育工作进行评估。在实施评估过程中，应确保评估方法的一致性和公正性。

第八，分析评估结果。对评估结果进行深入分析，找出国有企业思想政治教育工作的优势和不足，为企业改进工作提供参考依据。

第九，反馈与改进。将评估结果反馈给相关部门和人员，提出有针对性的改进措施，并对绩效评估指标体系本身进行优化和完善，以提高绩效评估指标体系的实效性。

（二）国有企业思想政治教育工作绩效评估指标

第一，思想政治教育工作政策指标。政策指标主要关注国有企业思想政治教育工作在政策执行和制度落实方面的表现，包括政策宣传贯彻、制度建设、组织建设和群众工作等方面。这些指标能够反映国有企业在对党的路线、方针、政策贯彻执行上的效果，以及企业在完善制度、组织建设和员工关怀等方面的成果，从而全面评估国有企业思想政治教育工作的绩效。

第二，思想政治教育工作环境指标。环境指标主要衡量国有企业思想政治教育工作在营造良好工作环境方面的成果，涉及企业文化建设、内部沟通、员工满意度和企业形象等方面。这些指标能够反映国有企业在创建和谐企业文化、优化内部沟通机制和提高员工满意度等方面的表现，进而为企业改进工作提供有价值的参考依据。

第三，思想政治教育工作条件指标。条件指标主要关注国有企业思想政治教育工作所需的各种资源，包括经费投入、设施建设、人员配备等方面，反映了国有企业为推进思想政治教育工作所提供的物质保障和人力支持。通过分析这些条件指标，可以了解国有企业在保障思想政治教育工作所需条件方面的优势与不足，从而制定相应的改进措施。

第四，思想政治教育工作成就指标。这类指标涵盖国有企业在思想政治教育工作过程中所取得的进展，如活动筹划与执行的成果，多种类型会议（如对话会、座谈会、交流会、纪念会、汇报会、典礼等）的顺利进行，思想教育任务的开展，员工培训任务的实际完成情况，各种矛盾和冲突的妥善解决，各类媒体的有效运用，创新性活动或项目的推动和进展，以及文化活动的组织与策划等。在评估这些指标时，可以参考会议纪要、活动报道等材料。

第五，思想政治教育工作效果指标。这些指标涵盖了国有企业管理层对思想政治教育工作成果的评价、员工对思想政治教育工作成果的反馈、公众对国有企业思想政治教育工作成果的观点、各类媒体对国有企业思想政治教育工作成果的评论与报道，以及其他企业对该国有企业思想政治教育工作经验的学习与评估等方面。在对这些指标进行评估时，可采用问卷调查、面对面访谈、查找文献、搜集媒体资料等多种方法。

参考文献

[1] 李泽萍．新时期国有企业思想政治工作方法研究 [M]．武汉：武汉大学出版社，2018．

[2] 《企业管理现代化干部必读》编委会．现代企业思想政治工作 [M]．北京：中国展望出版社，1989．

[3] 范鹏，王维平．企业思想政治工作概论新编：修订版 [M]．兰州：甘肃人民出版社，2012．

[4] 王来法．思想政治理论教育新探索（2013）[M]．杭州：浙江工商大学出版社，2014．

[5] 张学忱，邹云钜．企业思想政治工作与经济工作 [M]．北京：冶金工业出版社，1993．

[6] 冯长春．新时期国有企业职工思想政治工作创新路径研究 [J]．现代商贸工业，2022，43（7）：158-159．

[7] 汪涛．论守正创新做好新时代国有企业思想政治工作 [J]．现代商贸工业，2022，43（5）：104-105．

[8] 陆正才．浅谈加强新时代国有企业年轻干部的思想政治工作 [J]．中国水运，2022（1）：60-62．

[9] 梅梅．浅谈如何做好国有企业职工思想政治工作 [J]．中外企业文化，2021（12）：126-127．

[10] 江录春．将红色文化融入国有企业思想政治教育中 [J]．人民公交，2021（12）：80-84．

[11] 何艳．国有企业职工思想政治教育工作的路径 [J]．活力，2021（22）：56-57．

[12] 葛书攀．浅谈思想政治教育在国企基层党建工作中的实践 [J]．活力，2021（18）：61-62．

[13] 郭佳．新时代国有企业思想政治工作守正创新研究 [J]．活力，2021（17）：67-68．

[14] 张露，万芳．新常态下国有企业思想政治工作的加强与创新 [J]．东方企业文化，2021（增刊2）：37-38．

[15] 王瑶 . 新时代国有企业思想政治工作守正创新研究 [J]. 中小企业管理
与科技（中旬刊）, 2021（9）: 56-58.

[16] 姜静 . 论新形势下国企思想政治工作与企业文化的融合 [J]. 办公室业
务, 2021（13）: 45-46.

[17] 陈思静 . 国有企业青年职工思想政治教育工作的路径选择 [J]. 办公室
业务, 2021（10）: 38-39.

[18] 刘红 . 国有企业思想政治教育与人力资源管理的融合 [J]. 就业与保障,
2021（8）: 169-170.

[19] 石倩 . 国有企业思想政治教育实效性探究 [J]. 中外企业文化, 2021（4）:
116-117.

[20] 张大学 . 国企思想政治教育和企业文化建设的融合路径 [J]. 现代企业,
2021（4）: 126-127.

[21] 郝群 . 企业文化视角下企业开展思政教育措施研究 [J]. 东方企业文化,
2020（增刊 2）: 21-22.

[22] 苗佳静 . 新时期国企职工思想政治工作存在的问题及解决措施 [J]. 冶
金管理, 2020（13）: 188-189.

[23] 艾理 . 新形势下国有企业思想政治工作探析 [J]. 现代交际, 2020（12）:
231-232.

[24] 李新龙 . 浅谈如何增强企业形势任务教育的有效性 [J]. 大庆社会科学,
2020（3）: 67-70.

[25] 王大友 . 国有企业政治思想教育工作方法的创新研究 [J]. 城市建设理
论研究（电子版）, 2020（14）: 124.

[26] 李建玲 . 国有企业政治思想教育工作方法的创新研究 [J]. 时代金融,
2020（9）: 66-67.

[27] 魏银梅 . 基于国有企业思想政治工作的创新路径分析 [J]. 文化创新比
较研究, 2020, 4（9）: 9-10.

[28] 徐小芳 . 当前国有企业职工思想政治教育对策研究 [J]. 智库时代,
2019（38）: 52, 55.

[29] 李开辉．浅析国有企业思想政治教育工作现状及对策 [J]．教育教学论坛，2019（26）：50-51.

[30] 程敏倩．从党员教育工作入手提高企业管理水平[J]．化工管理，2019（16）：3-4.

[31] 郭佳琪．新时代国企思想政治教育新模式论析 [J]．老区建设，2019（4）：12-18.

[32] 曹智杰．新时期国有企业思政工作与企业文化建设的融合 [J]．管理观察，2019（4）：32-33.

[33] 范玲．关于增强国企思想政治教育实效性的探索与实践 [J]．企业改革与管理，2019（2）：179，184.

[34] 罗振．论国有企业思想政治工作与企业文化的融合 [J]．现代国企研究，2018（24）：199，201.

[35] 邓世超．新时期国有企业员工思想政治教育工作的问题与创新研究 [J]．智库时代，2018（48）：4-5.

[36] 李培媛．浅谈共青团在国有企业思想政治教育工作中的作用 [J]．中小企业管理与科技（中旬刊），2018（11）：118-119.

[37] 穆建军，李雷．如何做好国有企业员工思想政治教育工作 [J]．现代经济信息，2018（21）：78.

[38] 毛贺川．探讨如何做好国有企业员工思想工作 [J]．东方企业文化，2018（增刊2）：122.

[39] 刘红刚．思想政治工作对国有企业文化建设的功用探析 [J]．企业改革与管理，2018（5）：182-183.

[40] 付金辉．论现阶段的国有企业思想政治工作 [J]．浙江工商职业技术学院学报，2017，16（4）：9-11.

[41] 付博．新时期国有企业思想政治工作分析[J]．现代企业文化，2022（26）：68-70.

[42] 张圣楠．国企思想政治工作和国企文化建设工作的融合 [J]．现代企业文化，2022（21）：10-12.

[43] 曹颖 . 国有企业思想政治教育工作创新性探析 [J]. 活力，2022（10）：52-54.

[44] 刘颖 . 新时代对国有企业思想政治工作所面临的机遇和挑战 [J]. 现代企业文化，2022（14）：97-99.

[45] 余绍葵 . 论新形势下国企单位职工思想政治工作面临的挑战及对策 [J]. 公关世界，2022（6）：165-166.

[46] 黄静 . 激励理论在国有企业思想政治教育中的运用研究 [D]. 长春：吉林大学，2018.

[47] 张成 . 国有企业思想政治教育的推进方式探究：以混合所有制改革为背景 [D]. 南京：南京信息工程大学，2016.

[48] 李戈 . 当代国有企业思想政治教育现状与对策研究 [D]. 太原：山西财经大学，2015.

[49] 岳媛 . 企业文化建设与企业思想政治教育的关系探究 [D]. 开封：河南大学，2015.

[50] 田林琳 . 我国国有企业员工思想政治教育研究 [D]. 长春：吉林农业大学，2015.